사랑의 나라로 가는 여행

정원 지음

영성의 숲

서문

여행이란 항상 우리들의 마음을 설레게 하는 단어입니다.
누구나 복잡하고 피곤한 일상의 삶에 시달리다가 모처럼의 여유가 생길 때 어디론가 훌쩍 미지의 세계로 떠날 수 있다면 그것은 정말 즐거운 일일 것입니다.
그래서 실제로 여행을 떠나지는 못해도 여행에 대한 설레임은 우리 대부분의 사람들에게 있을 것입니다.
여행에 대한 우리의 그리움은 우리의 본질에서 기인하는 것이기도 합니다.
우리는 영원한 본향에서 떠나왔으며 우리의 삶이란 언젠가는 돌아갈 집을 향하여 한 걸음씩 나아가는 영혼의 여행이기 때문입니다.

이 책은 한 청년의 여행 이야기를 담은 우화입니다.
이 이야기를 읽다 보면 이 여행이 단순한 몸의 여행이 아니고 영혼의 성장을 향하여 나아가는 영혼의 여행이며 인생의 여행인 것을 알게 될 것입니다.
이 이야기를 읽으며 우리의 삶이 진정 영혼의 여정이

며 우리의 나아갈 방향이 어디이며 어떻게 걸어가야 하는가에 대하여 도움이 되시기를 기대합니다.

이 책을 통하여 이 청년과 함께 이 영혼의 여행을 같이 떠나보십시오.

여행을 마칠 때쯤이면 당신도 이 청년이 느끼는 뿌듯한 기쁨과 감동도 경험하게 될 것이며 당신의 삶과 여행을 좀 더 아름답고 신선한 것으로 만들 수 있게 될 것입니다. 부디 주님께서 당신의 여정에 동행하시며 축복하시기를.

2005. 11. 정원

목 차

서문

1. 여행의 시작 · 6
2. 사랑의 나라의 사람들 · 8
3. 사랑의 나라의 가게들 · 9
4. 두 번째 가게 · 12
5. 세 번째 가게 · 14
6. 버스를 타고 · 18
7. 도심의 광장에서 · 22
8. 나무 그늘 아래에서 · 27
9. 사랑의 나라의 교통 사고 · 32
10. 사랑의 나라의 부부 싸움 · 39
11. 식당에서 · 42
12. 축구 경기장 · 53
13. 행복한 가정에서 · 57
14. 사랑의 나라의 교회 · 66

15. 다양한 설교자들 · 74
16. 구멍 뚫린 교회 · 81
17. 에너지의 법칙 · 89
18. 마을 선거 · 94
19. 공원에서 · 100
20. 귀향 · 106
21. 집으로 · 109
22. 에너지의 흐름 · 112
23. 그리움 · 121
24. 새로운 고향을 향해서 · 124
25. 영계의 싸움 · 127
26. 입국 · 133
27. 재회 · 135
28. 결혼식 · 141
후기

1. 여행의 시작

미움의 나라에서 살고 있는 한 청년이 있었습니다. 이 청년이 여행을 하다가 전에는 한 번도 가 본적이 없는 나라를 보게 되었습니다.

이 나라는 국경 입구에 〈사랑의 나라〉라고 쓰인 간판이 있었습니다. 그리고 그 밑에 '누구든지 이 나라를 방문하고 싶은 분들은 아무나 오실 수 있습니다. 우리는 어느 분이든지 환영합니다.'
라고 쓰여 있었습니다.

청년은 미움의 나라에서 왔고 거기서 오랫동안 살아 왔었기 때문에 '사랑' 이라는 말에 묘한 불쾌감을 느꼈습니다. 그리고 아무나 올 수 있다는 말에도 거부감이 느껴졌습니다.
가치가 없는 하찮은 것이 아니면 누구에게나 허용되는 것은 아니라고 그는 생각했던 것입니다.
그러나 그는 문득 호기심을 느꼈습니다.
그는 생각했습니다.

'분명히 여기는 아주 바보 같은 나라일거야. 그러나 한 번쯤 구경해보는 것도 좋지 않을까? 우리나라에 돌아가서 친구들에게 이 바보들의 이야기를 해주는 것도 재미있을 거야.'

그는 잠시 그 나라에 머물면서 구경을 하기로 했습니다. 그는 국경을 넘어 이 사랑의 나라에 들어오게 되었습니다.

2. 사랑의 나라의 사람들

청년은 거리를 걸어 다니면서 건물들과 사람들의 모습을 유심히 살펴보았습니다.
거리는 깨끗했지만 그의 나라에 비해서 건물들은 작고 초라해 보였습니다. 사람들의 표정은 밝았지만 그들의 옷차림도 대체로 낡아 보였습니다.
그는 생각했습니다.
'역시 이곳은 문화의 발전 수준이 우리나라보다 너무 낮아. 우리나라에는 멋지고 세련된 고층 빌딩이 얼마나 많은가! 그리고 사람들의 옷차림들도 얼마나 멋지고 화려한가! 여기는 예쁘고 멋진 여자들은 찾아 볼 수가 없구나.'
그는 사람들이 자기를 보고 미소를 지으며 인사를 하는 것을 보았습니다. 그는 이런 것에는 익숙하지 않았기 때문에 얼굴을 찌푸리고 고개를 돌렸습니다.
'참, 여기는 할 일이 없는 사람들이 많구나. 왜 쓸데없이 웃는 거지? 자기들이 나를 언제 봤다구? 나는 그냥 모른 척 해야지.'
그는 계속 길을 걸어갔습니다.

3. 사랑의 나라의 가게들

그가 걷고 있는 길의 양쪽에는 상점들이 줄지어 있었습니다.
상점에서 파는 물건들은 자기 나라에서 파는 물건들과 비슷했습니다. 그러나 물건의 질은 좀 떨어져 보였습니다.
그는 구경을 하려는 마음으로 한 가게에 들어갔습니다. 거기서 그는 가게의 주인과 손님이 옥신각신 하는 것을 보았습니다. 무엇을 가지고 다투는지 궁금해서 그는 그들의 말에 귀를 기울였습니다.

"아, 글쎄."
손님이 말하고 있었습니다.
"이 제품은 너무 좋은 제품이에요. 그리고 오래 전에 여기에서 샀던 물건도 아직도 고장 한번 없이 잘 쓰고 있다구요. 그런데도 이 물건을 이렇게 싼 가격으로 파시면 되겠어요?"
"죄송합니다만, 손님."
가게 주인이 느릿느릿 말을 이어받았습니다.

"그 가격은 결코 싼 가격이 아닙니다. 적당한 가격을 받는 것이지요.
그리고 저는 손님에게 폭리를 얻으려고 장사를 하는 것이 아닙니다.
하나님께서 제게 이것으로 봉사하도록 인도하셨고, 손님들을 섬기기 위해서 장사를 하는 것이지요. 그래서 저는 항상 행복합니다.
제가 만약 이 장사로 인해서 손님들에게서 많은 이익을 취해서 많은 돈을 벌게 되고 나중에 하늘나라에서 하나님께 심판을 받게 되면 손님께서 책임을 지실 수 있습니까?"

"물론 그 마음은 이해합니다."
손님도 말을 받았습니다.
"하지만, 아무리 봉사하는 것이 즐겁다고 해도 장사는 기본적으로 어느 정도 이익을 남겨야 유지가 되는 것입니다. 당신도 집에 가면, 장난감을 사주어야 하는 어린 아이가 있겠지요. 좋은 아빠가 되려면 돈도 조금 있어야 하는 것 아닙니까?
그리고 조금 전에 하나님의 심판 말씀을 하셨는데, 당신만 상급을 받고, 저는 벌을 받아야 합니까?
작은 가게에서 물건 값을 마구 깎고, 예배만 거룩하게

드리다가 나중에 제가 심판을 받으면 책임지실 겁니까?"

청년은 그들의 이야기를 들으면 들을수록 역겹고 듣기가 거북해서 가게를 빠져 나왔습니다. 그는 계속 투덜거렸습니다.
"저런, 천하의 바보 멍텅구리 같은 놈들. 저렇게 바보 같은 손님도 처음보고 장사의 '장' 자도 모르는 저런 멍청한 장사꾼도 처음 본다.
저렇게 해서 어떻게 부자가 돼? 보나마나 저기는 금방 문을 닫게 될 거야."
청년은 다음 가게로 발걸음을 옮겼습니다.

4. 두 번째 가게

청년이 두 번째 가게에 들어가 보니 이곳에서도 손님과 주인이 물건을 두고 승강이를 벌이고 있었습니다. 손님은 물건을 사야겠다는 것이었고, 주인은 팔 수가 없다는 것이었습니다.
"제가 이야기 했잖습니까."
주인이 말했습니다.
"그 물건은 바로 옆 가게가 훨씬 더 품질도 우수하고 가격도 저렴합니다. 다른 물건은 몰라도 그 물건만큼은 그래요."

"참 이상하군요."
손님도 말했습니다.
"바로 옆 가게에서도 똑같이 말을 하면서 여기로 보냈기 때문에 내가 여기에 온 것입니다.
여기서도 물건을 팔지 않으면 저는 어디에서 물건을 사야 합니까?
그리고, 그 옆집 가게 주인이 이렇게 말했다구요. 당신의 둘째 아이가 이번에 유치원에 들어가게 되었다구요.

그러니까 당신이 돈이 많이 필요할 것이고 물건을 많이 팔아주어야 한다구요."
"모르시는 말씀,"
주인도 이어서 말했습니다.
"그 가게 주인의 아내가 얼마 전에 예쁜 딸을 낳았답니다. 그러니, 돈이 더 필요한 쪽은 당연히 그쪽이지요."

그들의 대화를 들으면 들을수록 청년은 화가 치밀어 올랐습니다. 그들의 어리석은 말들을 도저히 참을 수가 없었습니다. 그는 그곳도 서둘러서 나왔습니다. 나오면서 그는 중얼거렸습니다.
"저 사람들은 반드시 굶어 죽을 거야. 두고 봐."
그는 다른 가게를 한군데만 더 들러보기로 했습니다.

5. 세 번째 가게

청년은 이번에는 길을 건너 건너편의 가게로 들어갔습니다.
그곳은 각종 전자 제품을 파는 가게였습니다. 손님은 한 사람도 없었고, 주인이 혼자 의자에 앉아 책을 읽고 있었습니다.
주인이 친절하게 인사를 했습니다.
"어서 오십시오. 무엇을 도와드릴까요?"

청년은 이것저것 쌓여져 있는 물건을 살펴보았습니다. 미움의 나라 수준에서 본다면 아주 오래된 옛날 제품인데다가 기능도 아주 단순해 보였습니다.
청년은 주인에게 TV 한 대를 가리키며 물었습니다.
"이 TV는 나온 지 얼마나 되었지요?"

주인은 고개를 갸우뚱거리며 대답했습니다.
"글쎄요, 아마 한 10년쯤 되었을 겁니다."
"10년! 10년이라구요! 아니, 그렇다면 이 가게에는 신제품은 없는 겁니까?"

"신제품이라구요? 잘 모르겠군요. 그게 뭐죠? TV 이름인가요?"
청년은 어처구니가 없어 한숨이 절로 나왔습니다.
"신제품은 새로 나온 제품을 말하는 겁니다. 아니, 그것도 모르고 장사를 하고 계세요?"
주인은 계속 고개를 갸웃거렸습니다.
"그런데, 왜 신제품이 필요한 거죠?"
청년은 참으려고 노력하면서 대답을 했습니다.

"모든 나라의 산업은 신제품을 계속 만들어 내면서 발전하는 것입니다.
소비자들도 더 품질이 뛰어나고 새로운 편리한 기능이 추가된 그러한 제품을 원하는 것이고, 기업은 그러한 소비자의 욕구를 잘 파악해서 더 좋은 제품을 만들어야 물건을 더 잘 팔 수 있는 것이지요. 그렇게 해서 나라의 경제가 성장해 가게 되는 겁니다."

청년은 자신이 너무나 설명을 잘한다고 생각했습니다.
그래서 그는 자신이 매우 자랑스러웠습니다.
가게 주인은 청년의 이야기를 열심히 듣고 있었습니다.
그러나 별로 잘 알아듣는 것 같지는 않았습니다.
"하지만, 이것으로 충분한데, 왜 새것을 만들지요?"

가게 주인이 청년의 이야기를 도무지 이해하지 못하자 청년은 이제 화가 나서 더 이상 대꾸하고 싶지가 않았습니다.
그러나 주인은 계속 물어 보았습니다.
"손님들은 아무도 새것이 필요하다고 찾는 사람이 없던걸요?"
청년은 속으로 생각했습니다.
'이 나라는 지능지수가 낮은 사람만이 사는 곳인 모양이다. 그러니 사람들이 뭐가 좋은 물건인지 알 리가 없지.'

그는 질문의 내용을 바꾸었습니다.
"저 TV는 어떻게 켜지요? 리모컨이 없나요?"
"리모컨이 뭐지요?"
청년은 한숨을 쉬며 대답했습니다.
"리모컨은 참 편리한 도구지요. 그것만 있으면 가만히 앉아서 TV를 켜고 끌 수 있어요. 일일이 TV 앞에 가까이 갈 필요가 없지요. 아마 이 가게에서 리모컨을 팔게 되면, 엄청난 돈을 벌게 될 것입니다."

주인은 고개를 흔들었습니다.
"가만히 앉아서 TV를 켠다고요? 그건 너무 재미가 없어요. 그런 것은 아마 아무도 사지 않을 거예요. 우리는 여러 가지 방법으로 TV를 켠답니다."
그는 펜치를 손에 들고 말했습니다.
"이것으로 채널을 돌려서 켤 때도 있지요. 또는 공을 던져서 채널을 맞추어서 켜는 사람도 있답니다. 어떤 사람은 입으로 켜기도 하고 어떤 사람은 발로 돌려서 켜기도 하지요. 하지만 가만히 앉아서 켜기를 원하는 사람은 아무도 없을 겁니다. 그건 너무나 재미가 없거든요."

청년은 더 이상 말을 하기가 싫어졌습니다. 그는 계속 이야기를 하다가는 자신의 정신까지 돌아 버릴지도 모른다고 생각했습니다.
그는 머리를 흔들면서 가게를 나왔습니다.

6. 버스를 타고

청년은 이제 이 나라의 가장 번화한 거리에 가보고 싶었습니다. 그래서 그는 사람들에게 길을 물어서 도심으로 가기 위하여 버스를 탔습니다.
이 나라에는 비교적 사람들의 숫자는 많은지 차들이 많이 움직이고 있었습니다.
아마 그 시간이 러시아워인 듯, 많은 차량들이 거리를 메우고 있었습니다. 그러나 이상하게도 교통 체증은 없었습니다. 청년의 나라였더라면 차가 막혀서 많이 정체되었을 것입니다.

그러나 그 이유를 아는 데에는 시간이 별로 걸리지 않았습니다. 이 나라 사람들은 도무지 서두르지를 않았고, 서로 상대방의 차가 먼저 가도록 하는 것이었습니다.
기사들은 계속 운전만 하는 것이 아니라 승객들과 이야기를 하기도 하였고, 바깥의 경치를 구경하기도 하였으며, 운전을 멈추고 노래를 부르기도 했습니다. 그러면 승객들은 박수를 치거나 함께 노래를 부르는 것이었습니다.

청년은 어처구니가 없었지만, 참고 있을 수밖에 없었습니다.
그런데 이상하게도 많은 차들이 다니는데도 교통 신호등이 하나도 보이지 않았습니다.

그는 옆자리에 앉은 할머니에게 물어보았습니다.
"할머니, 왜 도로에 교통 신호등이 하나도 없지요? 그러면 어떤 차가 먼저 가야 하는지 알 수가 없잖아요."
할머니는 친절하게 대답했습니다.
"관광객인 모양이군요? 이 나라에서는 신호등이 없어요. 모든 사람이 똑같은 신호등을 보고 똑같이 움직인다면 그것은 기계 같고 너무 재미가 없잖아요."

이 나라 사람들은 재미있는 것을 꽤나 좋아하는 모양이었습니다. 청년은 다시 물었습니다.
"그러면 어떤 차가 먼저 가야 하는지는 어떻게 결정하지요?"
"그거야 여러 방법이 있지요. 운전사끼리 가위 바위 보를 하는 경우도 있고, 묵찌빠를 하는 경우도 있어요.
수수께끼를 내서 맞히는 것으로 결정하기도 하고 노래를 불러서 승객들이 누가 더 잘 불렀는지를 평가해서 결정하기도 하지요.

어떻게 하든 이긴 쪽이 양보를 해서 진 쪽이 먼저 가게 되지요. 운전사들은 서로 양보를 하고 싶어 해요. 그래야 하나님의 나라에 갈 수 있으니까요.
보통은 노래로 결정할 때가 가장 많지요. 그래서 운전기사님들은 노래 연습을 아주 많이 한답니다. 승객들도 기쁘게 해주고 양보도 할 수 있으며, 무엇보다도 마음이 행복해지고 하늘나라에도 갈 수가 있으니까요."

청년은 할머니에게 항의했습니다.
"아니, 그렇게 쓸데없이 꾸물거리면 언제 목적지에 도착하죠? 시간이 금이라는 것을 모르세요? 그렇게 시간을 보내면 빨리 갈 수가 없잖아요."
할머니는 몹시 놀란 모양이었습니다.

"왜 빨리 가야하지요, 젊은이? 무슨 급한 일이라도 있나요? 이렇게 재미있게 즐겁게 게임을 하면서 가는 게 좋지 않나요?"
청년은 갑자기 할 말이 막혔습니다.
할머니는 운전기사 쪽을 가리켰습니다.
"자, 저기 보세요. 옆의 버스와 만났지요? 이제 게임을 할 거예요. 아, 이번에는 묵찌빠로 하는 모양이군요. 우리가 이겨야 할 텐데."

모든 승객의 시선이 두 운전기사에게로 집중되었습니다.
기사들은 아마 입 모양으로 묵찌빠를 하는 것 같았습니다. 입을 크게 벌리면 '보'가 되는 것이요, 입술을 모으면 주먹, 혀를 쏙 내밀면 가위가 되는 것이었습니다.

몇 차례의 치열한 공방이 있었습니다. 이제 우리 편 운전사의 공격 차례가 되었습니다.
긴장된 순간이 지나고, 운전사가 혀를 쏙! 내밀었습니다. 상대편의 운전사가 그만 걸리고 말았습니다.
승객들이 다 일어나더니 '와!' 하고 큰 소리로 웃으며 박수를 쳐댔습니다.
저쪽 편의 운전사와 승객들은 조용히 미소를 짓더니 인사를 하고 먼저 출발했습니다. 그 뒤를 따라서 이쪽의 차도 출발했습니다.

차는 도심에 도착했고, 청년은 서둘러 내렸습니다. 그는 중얼거렸습니다.
'이 나라는 사랑의 나라가 아니라 싱거운 나라, 푼수들의 나라야. 여기에 오래 있다가는 나도 함께 돌아버릴 것이 틀림없어.'

7. 도심의 광장에서

청년은 도시의 중심이라고 하는 곳에서 버스를 내렸습니다. 그러나 그는 곧 실망했습니다.
도시의 중심지에도 화려하고 멋진 건물은 없었습니다. 청년의 고향과 비교하자면 도시의 외곽에서나 볼 수 있는 2-3층 높이의 허름한 건물들이 조금 많이 세워져 있을 뿐이었습니다.

그것은 도심이라기보다는 하나의 광장과 같았습니다.
여기저기에 노상 카페와 같은 것이 있었고 많은 사람들이 한가하게 차를 마시며 햇볕을 쬐면서 대화에 열중하고 있었습니다.
한 쪽에는 비교적 큰 규모의 어린이 놀이터가 있었고, 많은 아이들이 숨바꼭질이나 달리기를 하면서 놀고 있었습니다.
잔디밭에 앉아 바둑을 두는 사람들도 있었고, 다른 쪽 나무 그늘에 편안하게 드러누워서 빈둥거리는 사람도 있었습니다.

청년은 이맛살을 찌푸렸습니다. 그리고 생각했습니다.
나라의 중심이라는 데가 이렇게 초라하다니.. 그리고 이렇게 많은 사람들이 쓸데없이 빈둥거리며 시간을 낭비하고 있다니.. 그러니 이렇게 나라의 문화가 낙후되어 있을 수밖에 없군.
어디, 도대체 무슨 이야기들을 저렇게 열심히 하는지, 한번 들어 볼까?

청년은 노상 카페에서 열심히 토론을 벌이고 있는 사람들에게로 가까이 다가갔습니다. 한 테이블에 가보니 20대에서 40대 정도의 사람들 다섯 명이 이야기를 나누고 있었습니다.
그들의 이야기의 주제는 '어떻게 하면 영적인 진보를 이룰 수 있는가?' 였습니다. 그렇게 따분하고 비현실적인 주제를 가지고 그토록 열심히 이야기하는 것을 보고 청년은 그들이 참으로 한심하기 그지없었습니다.

한 사람은 영적 성장을 위하여 선행을 베푸는 것이 중요하다고 주장하고 있었습니다. 다른 사람은 그 의견에 대해서도 고개를 끄덕이면서도 하나님을 의지하는 것이 더 중요하다고 말했습니다.
다른 사람은 하나님의 말씀을 열심히 공부해야 한다고

말했습니다. 다른 사람은 행함보다 더 중요한 것은 마음의 중심이라고 말하고 있었습니다.
그들의 이야기를 듣고 있다가 더 이상 견딜 수 없게 된 청년은 그들의 이야기에 끼어들었습니다.
"도대체, 그게 뭐가 그렇게 중요하다는 겁니까? 아니, 그런 얘기를 하고 있으면 돈이 나옵니까? 밥이 나옵니까?"

대화에 열중하던 그들은 청년을 보고 놀랐습니다.
그 중에서 가장 나이든 사람이 미소를 지으며 청년에게 말했습니다.
"안녕하세요. 이것, 참. 죄송합니다. 다른 분이 옆에 계신 줄도 모르고 우리들끼리만 이야기를 했군요."
다른 사람이 청년에게 물었습니다.
"이야기를 하면 돈이 나오느냐는 의견을 제시하셨군요. 그것은 참 놀라운 생각입니다. 우리는 우리 이야기와 돈과의 관련성을 미처 생각하지 못했거든요."
청년은 마음이 뿌듯해졌습니다. 그는 이 나라의 모든 사람이 다 돌아버린 것은 아니구나 하고 생각했습니다.

다른 사람이 또 물었습니다.
"그런데, 왜 돈이 나와야 되죠?"
청년은 대답했습니다.

"물론, 그것은 당연하지요. 돈이 있어야 우리는 행복해질 수 있기 때문입니다."
나이든 사람이 다시 물었습니다.
"돈이 있어야 행복하다! 그것 참 놀라운 생각이군요. 그런데 어떻게 돈으로 행복해질 수 있지요?"
"돈이 있어야 물건을 무엇이든지 원하는 대로 살 수 있잖아요. 모든 필요한 것을 다 가질 수 있구요. 또 다른 사람이 나를 함부로 대할 수 없게 됩니다."
청년은 왜 이 나라 사람들은 가장 기초적인 것을 잘 모르고 있을까 하고 매우 의아하게 생각했습니다.

다른 사람이 또 물었습니다.
"하지만, 가진 물건이 많게 되면 그것을 보관하는 것이 힘들지 않을까요? 또 그것이 내 것이라고 항상 기억을 하고 있어야 합니다. 너무 번거롭지 않나요?"
"그러니까 돈을 더 벌어서 큰집을 사서 그 물건들을 보관하면 되는 겁니다."
그들은 다시 물었습니다.
"그 큰집을 누가 청소하지요?"

청년은 점점 말이 하기가 싫어졌습니다.
"돈을 더 벌어서 청소기를 사면 됩니다. 또 돈을 더 벌면 가정부도 고용할 수 있지요. 그러면 아주 편하게 살 수 있습니다."
다시 여러 질문들이 쏟아졌습니다.
"그렇다면, 결국 돈을 벌면 벌수록 더 많은 돈을 벌어야 하는 것 아닌가요? 그러면, 언제 놀지요?"
"다른 사람이 일을 다 해주면 별로 재미가 없지 않을까요?"
"사람들이 나를 함부로 대할 수 없으면 친구를 사귀는 것이 어렵게 되지 않을까요?"

청년은 이렇게 수준이 낮은 사람들과는 상대를 하지 않는 것이 좋겠다고 생각했습니다. 그는 말없이 자리에서 일어나 다른 쪽으로 걸어 나왔습니다.

8. 나무 그늘 아래에서

청년은 그들에게서 나와서 커다란 나무 그늘 아래에 누워서 한가롭게 빈둥거리는 젊은이에게 다가갔습니다. 그는 쓸데없는 이야기로 시간을 낭비하는 사람들보다도 이렇게 게으른 사람을 보니 더 화가 치밀었습니다.
그는 그 젊은이에게 가서 시비조로 말을 걸었습니다.

"이봐요, 당신은 지금 뭘 하고 있는 겁니까?"
젊은이는 청년을 보더니 매우 기쁜 듯이 웃음을 지었습니다. 그는 몹시 심심했는데 말동무가 생겨서 아주 즐거운 모양이었습니다.
"저 말입니까? 저는 지금 인생을 즐기고 있지요."

청년은 불쾌한 어조로 말했습니다.
"이렇게 게으름을 부리고 있는 것이 인생을 즐기는 것인가요? 정말 한심하군요. 지금 세상은 무한 경쟁 시대입니다. 그렇게 놀고 있을 시간이 없어요. 자신의 젊은 시절을 그렇게 낭비하고 있다가는 반드시 후회할 때가 올 거요."

젊은이는 청년의 말을 듣고는 이해가 되지 않는다는 듯이 눈을 동그랗게 떴습니다.
"무한 경쟁 시대라고요? 참 멋진 말이기는 한데, 그것은 처음 듣는 말이군요. 여기에서는 아무도 서로 경쟁하려고 하지 않아요. 서로 이기려고 하지 않지요. 오히려 다른 사람의 성공을 도와주지요.
모든 사람이 하나님이 주신 자기의 재능과 목적을 가지고 있기 때문에 그냥 자기가 좋아하는 일을 할 뿐이지요."

청년은 입을 여는 사람들이 말끝마다 하나님을 달고 다니는 것이 심히 역겨웠습니다. 게다가 내심 무시하고 있었던 게으름뱅이 젊은이가 나름대로 자신의 논리를 펴자 더욱 더 자존심이 상했습니다.
"하나님이 주신 재능과 목적이요? 그러면, 당신의 재능은 누워서 잠이나 자는 재능입니까? 그것도 사명이요? 당신은 직업이 뭡니까?"

젊은이는 웃었습니다.
"아닙니다. 저는 그림을 그리는 것을 좋아합니다. 그리고 사람들의 이야기를 들어주는 것을 좋아하지요. 제가 여기에 있으면, 마음이 슬픈 사람이나 상처받은 사람들이 이곳으로 찾아옵니다. 저는 그 이야기를 듣고 같이 울기도 하고 재미있는 이야기를 들려주기도 하지요. 그러나 그것은 직업이 아니고, 저는 제가 원하는 사람들에게 그림을 그려주고 그들은 저에게 사례를 해줍니다. 돈을 조금 주는 사람도 있고, 먹을 것을 주는 사람도 있어요."
그는 자기가 입고 있는 옷을 자랑스럽게 만지작거렸습니다.
"이 옷도 어떤 사람이 자기 옷을 벗어서 내게 준 것입니다. 그의 초상화를 그려 주었는데, 아주 마음에 든다고 하더군요."

청년은 그가 너무 한심스러워서 말을 이었습니다.
"그림을 열심히 그려주고 겨우 그따위 것들을 사례로 받으면, 도대체 언제 돈을 번다는 말입니까?"
젊은이는 웃기는 했지만 납득이 되지 않는 표정이었습니다.
"저는 돈이 별로 필요가 없어요. 저는 그림을 그리고 이렇게 가만히 있으면서 생각을 하는 것이 아주 행복합니다. 제가 그림을 그려주면 사람들은 아주 즐거워합니다. 줄 것이 없는 사람은 그림의 대가로 웃어주기도 한답니다. 어린 아이들에게는 아무 것도 받지 않지요. 그들은 천사이니까요. 그들을 보고 있기만 해도 행복해지기 때문에 그들에게는 아무 것도 받을 수가 없답니다."
청년은 다시 그에게 조언을 했습니다.
"어쨌든, 당신은 이렇게 빈둥거리면서 놀고 있어서는 안 됩니다.
사람은 누구나 바빠야 합니다. 무능한 사람들이나 한가한 것이지 유능한 사람은 밥을 먹고, 잠을 잘 시간이 없을 정도로 바빠야 하는 것입니다.
당신이 그림을 그리는 것은 좋아요. 그러나 그렇게 무계획적으로 해서는 평생을 가난뱅이로 살 수 밖에 없을 것입니다.
그러니까 당신의 그림을 좋아하는 사람에게는 비싼 돈을 받고, 그것을 낭비하지 말고 저축해서 미래를 계획해야 하는 것입니다."

빈둥거리는 젊은이는 청년의 말이 도무지 이해가 되지 않는 모양이었습니다.
"바쁘면 밥도 못 먹고, 잠도 못 자는데, 그게 왜 좋은 거지요?"
청년은 이 사람하고도 더 이상 이야기하고 싶은 마음이 사라지고 있었습니다.
"그리고, 왜 돈을 저축해야 하지요?"

"그것은 노후 대책입니다. 당신은 항상 젊은 것이 아닙니다. 그러므로 늙을 때를 대비해서 돈을 저축해야 해요."
"그러면 어떻게 되나요?"
청년은 당당하게 말했습니다.
"젊어서 열심히 일하고, 많은 돈을 모으고, 그렇게 되면 당신은 노후를 편안하게 보낼 수 있게 됩니다. 인생을 즐길 수 있게 되지요."

젊은이는 청년의 말을 반복했습니다.
"지금, 열심히, 쉬지 않고 일해서 돈을 모으면, 결국 늙은 후에 인생을 즐길 수 있다고요?"
갑자기 그는 배를 잡고 웃었습니다.
"나는 지금, 인생을 즐기고 있어요. 지금이 행복한데, 왜 늙을 때까지 기다려야 하나요?"

청년은 머리끝까지 화가 났습니다.
그는 그 자리를 떠났습니다.
사실, 별로 할 말이 없는 것도 그가 화가 난 이유가 되었습니다.
청년은 한 번도 자신이 진정 행복하다고 생각해 본 적이 없었던 것입니다.

9. 사랑의 나라의 교통사고

청년은 큰길을 따라 걷고 있었습니다. 그는 몹시 피곤했습니다.
그의 고향인 미움의 나라에서는 사람들이 항상 바쁘고, 쫓기고, 긴장되어 있었습니다. 사람들은 항상 서로 경쟁하고, 미워하고, 험담을 하였으며 만나면 서로 으르렁거리고 싸웠습니다.
서로 웃으면서 좋은 관계를 유지하는 경우도 없는 것은 아니었지만, 그러나 그것은 그러한 관계가 자신에게 유익이 될 때에만 해당되는 경우였고, 겉으로 듣기 좋은 이야기를 할 때에도 속으로는 비수를 감추고 있을 때가 많았던 것입니다.

그는 그런 것들에 대하여 익숙해져 있었으며, 그러한 긴장과 싸움을 통해서 힘을 얻고 그의 삶을 지탱해나가고 있었던 것입니다.
그러나 이곳에서는 아무도 서로 싸우지 않았습니다. 모두가 서로 양보하고 상대방의 이야기를 끝까지 들어주었습니다. 이러한 것들은 그를 너무나 힘들게 했습니다.

그는 그의 고향이 그리워졌습니다. 그가 슬픈 상념에 잠겨 길을 걷고 있는데, 갑자기 근처에서 '쾅!' 하는 소리가 들렸습니다.
청년이 놀라서 눈을 들어보니, 근처에서 가벼운 교통사고가 난 것이었습니다. 나란히 달리던 승용차 두 대가 옆으로 부딪쳐버린 것입니다.
큰 사고는 아니었지만, 차 한 대는 옆에 달려있던 거울이 땅에 떨어져 있었습니다.

청년은 비로소 활기를 찾았습니다. 그는 속으로 중얼거렸습니다.
'야! 이제 좀 재미있는 일이 생겼구나. 이제 이 사람들은 어떻게 싸우는지 구경해 봐야지.'
청년의 나라에서는 사람들이 차가 서로 부딪치면 무조건 운전자들은 밖으로 나와서 크게 소리를 질렀고, 서로를 향해서 분노를 퍼부었던 것입니다.
특히 상대방이 여자라든가, 약해 보이는 사람일수록 그 방법은 효과가 있었습니다. 그럴 때 강하게 나가지 않으면 다른 사람들이 무시하고 일이 어려워지는 것이 보통이었습니다.
청년은 모처럼 기분이 좋아졌습니다. 그리고 그들의 싸움을 구경하기로 마음먹었습니다.

그러나 이 사람들이 하는 짓들을 보니, 이번에도 그의 생각대로 되는 것 같지는 않았습니다.
그들은 천천히 차 밖으로 나오더니 서로 고개를 숙이며 인사를 하는 것이었습니다.

"안녕하세요? 날씨가 아주 좋군요!"
"그렇군요. 아주 바람결이 부드럽군요. 제가 아내를 처음 만났던 날도 바로 이런 날씨였답니다."
"그래요? 정말 멋있군요! 아주 낭만적이에요!"
"그때, 우리 아내의 머리 결은 부드러운 미풍을 따라 아름답게 휘날리고 있었지요. 저는 그 순간 그녀에게 빠져들었어요.
나는 그때 이렇게 생각을 했답니다. '나는 저 여자와 결혼을 할 거야. 그리고 그것을 하나님께서 기뻐하시는 것이 틀림없어. 그렇지 않다면 내 마음이 이렇게 뛰고, 이렇게 감동이 될 리가 없지.' 라고요."

"정말, 감동적이군요. 그런데 저도 이렇게 부드러운 바람이 부는 날에 대한 추억이 있지요."
"그래요? 그것, 정말 듣고 싶군요!"
"제가 아빠가 된지 몇 달이 지났을 때였습니다.
저는 아빠가 되어 처음으로 아가를 안아 보면서 정말 행복했어요. 그것이 그렇게 행복하고 황홀한 일인 줄을 예전에는 정말 몰랐었지요. 그런데, 사람의 마음이 그런 것인지, 아기를 안고 있는 것도 좋았지만, 이 아기가 언제쯤 아빠를 알아볼 수 있을까 하는 마음이 계속 들고, 언제 그 날이 올까 하는 마음이 제 속에서 떠나지 않더라고요."

상대방은 침을 꿀꺽 삼켰습니다.
"정말 그래요. 나도 그 마음을 이해할 수 있답니다."
"그런데, 오늘처럼 바람결이 부드러운 날이었지요. 제가 밤에 하루의 일을 마치고 집에 들어갔는데, 이 아기가 나를 보면서 마구 기뻐하는, 사랑의 표정을 짓는 거예요. 말은 하지 못하지만, 나는 아이의 말을 분명히 알아들을 수가 있었어요. 그것은 '아빠, 빨리 나를 안아주세요.' 라고 하는 것이었지요."

"그것, 정말 대단한 날이었군요! 그때 기분이 어떠셨어요?"
"마치, 심장이 터지는 것 같았답니다. 그때 저는 결심했지요. '사랑하는 내 아가야. 나는 평생에 너를 사랑하고 너를 돌보아 줄 것이다. 네가 커서 더 이상 아빠의 도움이 필요하지 않고 아빠의 옆을 떠나갈 때까지 나는 항상 네 옆에 좋은 친구로서 있을 것이다.' 라고요."
그는 눈물을 닦아냈습니다.
"정말, 감동적인 이야기군요. 그런데, 참 다치신 데는 없습니까?"
"예, 감사하게도 아무 데도 다치지 않았습니다. 하나님의 은혜는 얼마나 크신지! 선생님은 괜찮으십니까?"
"예. 저도 괜찮습니다. 그런데, 제 실수로 이렇게 거울이 떨어졌으니 제가 보상을 해야겠군요."

"아닙니다. 원 천만의 말씀을! 제가 잘못 운전을 했는데요."
"아닙니다. 사실을 말씀드리자면, 제가 조금 전에 노래를 부르다가 그만 노래의 가사를 잊어버렸어요. 그래서 그게 뭐였더라, 생각하면서 고민하다가 그만 선생님의 차를 받아 버린 것입니다."
"아닙니다. 사실은 제가 바깥 경치를 보다가 하도 멋이 있어서 시를 짓고 있었어요. 그러다가 깜박 선생님의 차를 받은 것이지요."

두 사람의 이야기는 쉽게 끝날 것 같지 않았습니다. 그런데 마침 길을 지나가다가 이 광경을 목격하고 그들의 이야기를 듣고 있던 한 신사가 둘 사이에 끼어들었습니다.

"실례지만, 제가 한 마디 해도 될까요?"
두 사람은 기쁘게 응답했습니다.
"그럼요. 얼마든지 말씀하실 수 있습니다. 재미있는 이야기면 더 좋지요."
"별로 재미있는 이야기는 아닙니다만, 한 가지 부탁이 있습니다."
"무슨 부탁이지요?"
"사실은 제 아들이 자동차에 달려있는 거울을 가지고 싶다고 전에부터 이야기를 해왔었습니다. 그런데 제가 그만 잊어버리는 바람에 사주지 못했지요. 그러니, 저 거울을 제게 파시면 어떨까요?"

거울의 주인은 큰 소리로 껄껄껄 웃었습니다. 그리고 말했습니다.
"오늘은 정말 재미있는 날이군요. 집에 가서 가족들에게 이 이야기를 해주면 아주 즐거워하겠어요. 떨어진 거울은 필요 없으니 가져가십시오.
그리고 이런 것으로 돈을 받으면 하나님께서 기뻐하지 않으실 겁니다."
지나가던 신사는 몇 번이고 감사의 절을 하더니 그의 목을 두르고 있던 머플러를 풀었습니다. 그리고 그에게 건넸습니다.

"그렇다면, 이것을 감사의 선물로 받아 주십시오."
거울의 주인은 크게 기뻐했습니다.
"이렇게 고마울 수가! 사실은 우리 아내가 전에부터 머플러를 가지고 싶어 했었거든요. 정말, 너무나 감사합니다."

그들은 즐거운 미소를 지으며 서로를 축복한 후에 한 사람씩 포옹을 나누고 헤어졌습니다.
그들이 떠난 자리에는 실망과 분노가 겹쳐서 몸도 마음도 지쳐버린, 얼굴을 잔뜩 찡그리고 있는 청년만이 혼자 남아 있었습니다.

10. 사랑의 나라의 부부 싸움

날은 어느새 어두워졌고 청년은 특별한 방향이 없이 걷고 있었습니다.
청년은 어느 집의 창문에서 나오는 환한 불빛과 웃음소리, 이야기 소리에 문득 끌렸습니다.
창문 너머로 들여다보니, 한 가족이 식탁에 둘러앉아서 식사를 하고 있었습니다.
청년은 갑자기 시장기가 느껴졌습니다.
청년은 그들의 이야기에 귀를 기울였습니다.

남편이 말을 하고 있었습니다.
"여보. 찬밥은 내가 먹어야 해요. 왜 당신은 항상 남은 음식은 여자가 먹어야 한다고 생각하오?"
아내도 이야기를 하였습니다.
"여보. 나는 찬밥이 좋아요. 주님도 이런 밥을 즐겨 드셨지요. 제자들이 얻어다 주는 밥을 주님은 기쁘게 드셨잖아요. 그러니 제가 먹도록 내버려두세요."
"여보. 하지만 그것은 옳지 않아요. 성경에도 남편은 아내를 사랑하라고 했소. 어떻게 사랑하는 아내가 남은 음식을 먹는 것을 내버려둘 수 있다는 말이오? 당신은 내가 하나님의 말씀에 불순종하기를 원하지는 않겠지요? 그리고 성경 말씀에 아내는 남편에게 순종해야 한다고 하셨소. 그러니 찬밥은 내가 먹어야 합니다."
"여보. 남편이 정말 아내를 사랑한다면, 아내가 원하는 것을 해주어야 하지 않을까요? 당신은 우리를 위해서 밖에서 수고하는 일이 많고 건강에 유의해야 하기 때문에 찬밥을 먹어서는 안돼요."
그들의 말은 끝이 날 것 같지가 않았습니다. 어린 여자아이가 이야기를 해서 간신히 상황이 끝났습니다.
"엄마, 아빠. 싸우지 마세요. 우리 다 같이 똑같이 나누어서 먹으면 되잖아요."

열서너 살쯤 되어 보이는 남자아이가 말했습니다.
"엄마. 저 오늘 시험에 0점을 맞았어요."
엄마가 웃으면서 말했습니다.
"참, 잘했구나."
아빠도 거들었습니다.
"분명히 10점이나 20점을 맞은 아이들도 있었을 거야. 그들이 네 덕분에 위로를 받았겠구나."
남자아이가 다시 말했습니다.
"사실은 제 짝이 시험을 너무 못 봐서 제가 시험지를 바꾸어 준 거예요." 모든 가족이 다 탄성을 올렸습니다.
"와! 정말 대단하다!"
엄마와 아빠는 아들의 머리를 쓰다듬어 주었습니다.
큰딸로 보이는 스물 서너 살쯤 되는 여자도 남자아이를 껴안아 주었습니다.

청년은 머리를 흔들면서 그 자리를 떠났습니다. 이제는 그들의 말에 익숙해져서 처음처럼 충격이 크지는 않았습니다.
그러나 여전히 그들의 말은 청년에게는 비위가 상하고 듣고 싶지 않은 말들이었습니다.
청년은 몹시 지치고 배가 고파서 밥을 먹기 위하여 식당을 찾았습니다.

11. 식당에서

멀지 않은 곳에 식당이 있어서 청년은 거기로 들어가 식사를 시켰습니다.
이미 꽤 늦은 시간이었음에도 불구하고 식당에는 꽤 많은 사람들이 식사를 하고 있었습니다.
곧 식사가 나와서 청년은 게걸스럽게 밥을 먹기 시작했습니다. 그는 너무 배가 고팠기 때문입니다.

그런데 그의 식탁 바로 옆에 50대 정도로 보이는 남자가 청년이 식사하는 모습을 물끄러미 바라보고 있었습니다.
생각해보니, 그 사람은 청년이 오기 훨씬 전부터 그 자리에 앉아있는 것 같았습니다. 그런데 그에게는 아직도 식사가 나오지 않았고, 그래서 그는 계속 식사를 기다리고 있는 중이었습니다.
청년은 궁금해서 그에게 말을 걸었습니다.
"아저씨, 지금 밥이 나오기를 기다리고 계세요?"
그는 미소와 함께 대답했습니다.
"그렇소."

청년은 다시 물었습니다.
"식사를 시킨 지 꽤 오래 되지 않았나요?"
"그런 것 같소."
"아니, 그런데 왜 밥이 나오지 않는 거지요? 다른 사람들은 다 먹고 있는데."
"아마, 손님이 많고 주인이 바빠서 잊어버린 것 같소."
청년은 다시 기가 막혔습니다.
"아니, 그러면 가만히 기다리고만 계시면 어떡합니까. 주인에게 이야기를 해야지요."

남자는 부드러운 미소를 띠고 말을 했습니다.
"괜찮소. 배가 조금 고프기는 하지만 그래도 참을 만 하오. 식당 주인이 순서를 잊어버린 것은 다 하나님께서 허락하신 이유가 있을 것이오.
성경에는 참새 한 마리도 하나님의 허락 없이는 땅에 떨어지지 않는다고 말씀하시고 있소. (마태복음10:29) 하나님께서 원하신다면 저 주인의 마음에 말씀하실 것이오."
청년은 하루 동안에 너무나 많은 어리석은 사람들을 만났기 때문에 이제는 거의 감당할 수 없을 정도가 되었습니다. 그는 입씨름이 싫어서 대화의 방향을 바꾸었습니다.

"그런데, 아저씨. 몹시 배가 고파 보이시는군요."
남자는 쓴웃음을 지었습니다.
"사실은 그렇소. 나는 건축 회사에서 노동을 하는 사람이오. 그런데 아침에 집을 나올 때 아내가 몸이 아파서 미안해서 도시락을 싸달라고 할 수가 없었소.
게다가 점심때는 나와 같이 일하는 사람이 몸이 좀 불편해서 그의 일을 대신 해주느라고 식사를 하지 못했소. 그래서 오늘은 하루 종일 굶은 셈이지요.
그러나 그래도 괜찮소. 주님께서는 우리를 위하여 40일 금식도 하셨는데, 이까짓 것쯤 어떻겠소? 이제 조금 더 기다리면 손님도 다 갈 것이고 그러면 주인이 나를 발견하고 식사를 가져다줄 것이오."

그들이 대화를 하고 있는데, 식당 주인이 그 남자에게로 왔습니다. 그리고는 큰 소리로 외쳤습니다.
"이런, 세상에! 내 정신 좀 봐! 식사를 아까 주문하셨지요? 이것, 참 죄송해서 어쩌죠?"
식당에는 이제 사람들이 별로 없었습니다. 남자는 조용히 웃었습니다.
"괜찮습니다. 저도 비슷한 실수를 한 적이 아주 많답니다. 하나님께서 그것을 깨닫게 하시려고 오늘 이런 일을 겪게 하시는군요.

얼마나 감사한지! 깨달음도 얻고, 이제 음식도 맛있게 먹을 수 있겠군요."
식당 주인은 몇 번이나 머리를 조아렸습니다.
"죄송합니다. 이제 곧 가져오겠습니다. 대신에 식사 값은 받지 않겠습니다."

곧 식사가 나왔고, 그 남자는 식사를 막 시작하려고 했습니다.
그런데 그 때 몹시 행색이 남루하고 피곤해 보이는 할머니가 식당에 들어왔습니다.
그녀는 말했습니다.
"너무 늦은 시간에 왔군요. 식사가 지금 되나요? 배가 너무 고파서.."
주인이 다가가서 말했습니다.
"예. 식사를 하실 수 있습니다. 하지만 준비된 것이 없으니까 조금 기다리셔야 해요."

그러자 막 식사를 하려던 남자가 말하는 것이었습니다.
"할머니. 여기 식사가 나왔는데요. 먼저 식사하시겠습니까? 저는 조금 있다가 먹으면 되거든요."
할머니는 크게 치하를 했습니다.
"세상에 이렇게 고마울 수가! 감사해요. 하나님께서 당신에게 복을 주실 거예요. 나는 지금 너무 배가 고파서 쓰러질 지경이었다우."

다시 얼마의 시간이 지나고 그 남자에게 다시 식사가 나왔습니다.
청년은 이 남자의 상황이 궁금해서 일부러 그를 지켜보고 있는 중이었습니다.
갑자기 문이 열리면서 조그만 여자아이가 식당으로 들어왔습니다. 그녀는 거지인 것 같았습니다. 그녀가 말했습니다.
"죄송하지만, 저에게 음식을 좀 주실 수 없을까요? 그러면 제가 노래를 불러 드리겠어요."
다시 그 남자가 말했습니다.
"소녀야, 이리 온. 여기 음식이 있다. 그리고 어서 예쁜 노래를 불러 보려무나."

이제 소녀도 떠나고 식당에는 그 남자와 청년만이 남았습니다.
주인이 난처한 표정으로 오더니 남자에게 말하는 것이었습니다.
"저어.. 손님, 죄송하지만.. 이제 음식 재료가 떨어져 더 식사를 만들 수가 없군요."

남자는 여전히 미소를 짓고 말했습니다.
"아, 그래요. 괜찮습니다. 음식 냄새를 많이 맡고 보니 이제 식욕이 없어졌어요. 다음에 다시 오겠습니다."
식당 주인은 고개를 조아리고, 두 사람은 식당을 나왔습니다.

청년은 모처럼 기분이 상쾌해졌습니다. 저렇게 쓸데없이 어리석은 고집을 부리는 사람은 나중에 어떤 꼴이 되는지, 그는 똑똑하게 보았기 때문이었습니다.
하루 종일 막 노동을 하고 아무 것도 먹지 못한 그 남자가 불쌍한 생각도 들었지만 그는 아무 말 없이 가기로 했습니다.
왜냐하면 그는 위로하고 격려하는 일에 전혀 능력이 없었기 때문입니다. 그는 날카로운 분석을 하고 비판을 하며 주장을 하는 것에는 자신이 있었지만, 그런 쪽에는 아무 것도 할 수가 없었고, 하고 싶지도 않았습니다.

그는 남자를 뒤에 두고 길을 계속 걸어갔습니다. 한참 가다보니 뒤에서 그 남자가 걸어오는 소리가 들리지 않았습니다.
그가 문득 뒤를 돌아다보니 저 멀리에 그 남자가 주저앉아 있는 모습이 보이는 것이었습니다.

청년은 다시 그에게로 걸어갔습니다.
"아저씨! 왜 그러세요?"
그는 몹시 힘이 드는 듯, 힘겹게, 천천히 말했습니다.
"조금, 피곤하오. 잠시 쉬었다 가야겠소."
더 참을 수가 없게 된 청년은 큰소리로 그에게 비난을 퍼부었습니다.
"그것보세요. 제가 뭐라고 그랬습니까. 기다리지 말고 주인에게 이야기를 하라고 했지요. 남의 입장을 봐주고, 자선을 하는 것도 좋아요. 그러나 먼저 자기를 돌본 다음에 해야 하는 겁니다. 배가 고파서 길에 쓰러져 있다니, 도대체 이게 무슨 꼴입니까?"

남자는 힘이 없었지만 여전히 그의 목소리는 부드럽고 따뜻했습니다.
"청년. 내 말을 잘 들으시오. 자기를 다 돌본 다음에 다른 사람을 도울 수 있는 사람은 아무도 없소.
그리고 내가 힘든 것은 조금만 참으면 됩니다.
그러나 다른 사람을 도울 수 있는 기회는 항상 있는 게 아니오.
우리는 영혼의 진보를 위해서 이 세상에 존재하는 것이고, 영혼의 진보를 위해서 가장 중요한 일은 남을 섬기고 다른 사람의 기쁨을 위해서 애쓰는 것입니다.

하나님께서는 바로 이 목적을 위하여 우리를 이 땅에 보내셨습니다. 그러므로 우리는 날마다 영적 성장을 위하여 노력하는 것이며, 어느 정도까지 영적인 진보를 이루고 하나님의 때가 되면 그의 나라로 돌아가 영원한 삶을 살게 되는 것이오.
청년, 청년은 내가 어디에서 왔는지, 나의 고향이 어디인지 아는가요?"
청년은 퉁명스럽게 대답했습니다.
"제가 아저씨의 고향이 어디인지 어떻게 알겠어요?"
남자는 이야기를 계속했습니다.

"나의 고향은 외로움의 나라요. 그곳은 오직 외로움만이 가득한 곳이지요.
그곳에서는 아무도 남을 생각하지 않아요. 오직 자기만을, 자신의 행복만을 생각하지요.
남들이 죽든 살든 거기에서는 아무도 관심이 없소. 오직 자신의 성공을 위해, 자기의 만족을 위해 목을 매고 살아간다오.
그러나 불행하게도 거기에서는 아무도 행복하지 않소. 모두들 힘들게 노력하지만, 거기에서 행복한 사람은 아무도 없소. 거기에서는 모든 사람이 자기 혼자뿐이오. 거기는 아무도 친구를 가지고 있지 못하오."

그는 휴 - 하고 한숨을 내쉬었습니다. 그리고 계속하여 말했습니다.

"나는 그곳에서 50년이 넘게 살았소. 나는 그곳의 가치 기준으로 정말 열심히 살았소. 그러나 거기 있는 모든 사람과 마찬가지로 나는 정말 불행했고, 외로웠고, 고통스러워 견딜 수가 없었소.
그런데 진정 하나님의 은혜로 나는 몇 년 전에 이 나라를 알게 되었소. 그리고 왜 내가 예전에 그렇게 불행했는지, 이제 어떻게 하면 행복해질 수 있는지 알게 되었소.
이곳에 온 지 얼마 되지 않았지만, 나는 지금 너무나 행복하오.
예전에 나는 나 자신 만을 위하여 살았지만, 나는 지금 다른 사람의 기쁨을 위하여 살고 있소.
그리고 그것이 바로 하나님을 기쁘시게 하는 것임을 알고 있소.
다른 사람을 위하여 겪는 이 고통이 나를 몹시 행복하게 한다오.
나는 지난 세월을 너무나 많이 낭비해왔었기 때문에 이제 조금이라도 섬길 수 있는 기회가 있다면 나는 결코 놓칠 수가 없소."

그는 말을 멈추고 청년의 얼굴을 가만히 응시했습니다.
"당신도 말투를 들으니 이 나라 사람은 아니군요. 당신의 고향은 어디요? 당신은 어디에서 왔소?"
청년은 조금 켕기는 마음이 들었으나 사실대로 이야기했습니다.
"나는 미움의 나라에서 왔습니다."
남자는 고개를 끄덕거렸다.
"그렇군요. 나도 그 나라를 잘 알고 있소."

그는 이어서 말했습니다.
"당신은 결코 행복하지 않을 것이오. 그 나라에 사는 사람은 결코 행복할 수가 없소. 거기에서 성공하든, 부유하든 그곳에서는 결코 만족이란 없지요."
그는 뚫어지게 청년의 눈을 응시했습니다.
"청년, 이 나라로 귀화하시오. 이곳은 가난하든, 지식이 부족하든 항상 행복한 나라요.
거기에서 더 고생하지 말고 젊었을 때 이 나라로 오시오. 이곳은 당신의 진정한 고향이 될 것이오."

청년은 아무 말도 못하고 그 자리를 떠났습니다.
아무 말도 떠오르지 않는 것이 화가 나기도 했지만, 너무 짧은 시간에 여러 경험을 한 것이 혼란스럽기도 해서 그는 휴식이 필요했던 것입니다. 그는 근처의 허름한 여인숙에서 짐을 풀고 잠을 청했습니다. 그러나 잠이 잘 오지 않았습니다.
사람들의 여러 가지 이야기들이 떠올랐습니다.
어떤 가정의 행복하고 단란한 식탁의 광경이 떠올랐습니다.
20여세가 되어 보이던 아름답고 사랑스러운 여성이 그의 동생을 따뜻하게 안아주던 모습도 떠올랐습니다.
마지막으로 식당에서 만난 남자의 목소리가 귀에 쟁쟁하게 울렸습니다.

'어서 그 나라를 떠나시오. 당신은 그곳에서는 결코 행복할 수 없소. 어서 이 사랑의 나라로 오시오.'
그는 정말 행복하지 않았던 것입니다.
그는 너무 지쳤고, 슬펐으며, 피곤했습니다.
자리에서 뒤척거리다가 그는 잠이 들었습니다.

12. 축구 경기장

전날 몹시 피곤했던 청년은 오전 늦게까지 잠에 곯아 떨어졌습니다.
늦게 일어나 아침을 먹고 난 청년은 밖으로 나왔습니다.
무슨 재미있는 일이 없을까 생각하던 청년은 스포츠 경기를 관람하기로 했습니다.
이렇게 모든 것이 희미하고 풀어진 나라에서는 박진감 있는 경기를 구경하면 좀 힘이 생길 것 같았습니다.

청년은 지나가던 행인을 불러 세웠습니다.
"안녕하시오, 무엇을 좀 물어봐도 되겠습니까?"
지나가던 행인은 친절하게 대답했습니다.
"그럼요. 무엇이든지 물어보세요."
"이 근처에 권투 경기장이 어디 있는지 아십니까?"
행인은 고개를 갸우뚱거렸습니다.
"권투경기장이라.. 아, 이 나라에는 권투경기장이 없습니다.
아주 오래 전에는 있었지만, 없어져 버렸죠."
청년은 되물었습니다.

"권투경기장이 없어졌다고요? 왜 그렇게 되었습니까?"
"권투경기는 서로 때리는 경기인데, 아시겠지만 이 나라에서는 아무도 상대방을 때리고 싶어 하지 않습니다. 그래서 경기를 할 때 서로 상대방이 때리기를 기다리고만 있었죠.
그렇게 하루 종일 서 있었기 때문에 결국은 경기가 없어지고 만 것입니다."
청년은 한숨을 내쉬었다.
"그러면, 축구경기장은 있습니까?"
"네. 그것은 있습니다. 이 길을 따라 쭉 걸어가시면 쉽게 찾으실 겁니다."

청년은 곧 축구경기장을 발견하고 그곳으로 들어갔습니다. 경기장 규모도 별로 크지 않았고, 관중의 숫자도 그의 고향에 비하면 그저 동네 축구의 수준에 불과했습니다.
이 곳 사람들은 스포츠를 그다지 즐기는 것 같지 않았습니다. 경기는 별로 재미가 없게 진행되었습니다. 그리고 관중들도 응원을 하는 모습이 없었습니다.
청년은 이상해서 옆자리에 앉은 사람에게 물어보았습니다.
"왜 이 사람들은 아무도 응원을 하지 않지요?"

그는 싱긋이 웃으며 대답했습니다.
"우리는 어떤 팀을 응원하면 혹시 상대팀이 상처를 받지 않을까 걱정되어 응원을 하지 않습니다. 그러나 재미있고, 멋진 플레이가 나오면 다 같이 박수를 쳐주고 격려를 하지요.
우리는 이기는 것이 목적이 아니라 그저 게임을 즐기는 것이 목적이기 때문입니다."

그러나 청년에게는 아무런 재미도, 즐거움도 없었습니다. 선수들은 박진감이 넘치는 모습이 아니었고, 지나치게 여유를 부리는 것 같았습니다.
그들은 악착같이 볼을 빼앗으려고 하지도 않았고, 볼을 가진 사람은 서서히 볼을 몰고 다녔으며, 여러 가지의 제스처를 하거나 춤을 추기도 했습니다.
그들은 서로 부딪치지 않도록 조심했으며 간혹 서로 부딪치게 되면 서로 일으켜 주고 포옹을 하였습니다.

그러니 청년에게는 이 경기가 활력을 주는 것이 아니라 오히려 스트레스를 줄 수밖에 없는 것이었습니다.
청년은 중얼거렸습니다.
"세상에, 이것을 축구경기라고 하나. 내가 태어나서 지금까지 이렇게 재미없는 시합은 정말 처음 본다."

묘한 것은 축구장 안에 한쪽 발을 절름거리는 선수가 있었는데, 그 선수가 가장 많이 공을 몰고 다니는 것이었습니다.
절름발이 선수가 공을 몰고 다니면 상대편의 선수는 공을 빼앗으려고 하는 것이 아니라 오히려 호위하는 것 같았습니다. 게다가 절름발이 선수가 슛을 할 때에는 골키퍼가 다른 곳을 바라보고 있다가 골을 허용하는 것이었습니다.
절름발이 선수는 얼마 되지 않아 해트트릭을 달성하였고, 관중들은 다 같이 일어나 환호성을 울렸습니다.

청년은 다시 옆자리의 사람에게 물었습니다.
"왜 저 사람이 혼자 설치고 다니도록 놔두는 거죠?"
그는 여전히 웃으면서 대답했습니다.
"보시다시피, 그 사람은 신체장애자 아닙니까. 그러니까 그가 다치지 않도록 조심하는 것뿐이죠. 그리고 오늘은 저 사람 생일이에요. 그러니 오늘 저 사람이 골을 많이 넣을 수 있도록 사람들이 도와주는 것이지요."

청년은 곧바로 일어섰습니다. 기가 막히고 화가 나서 더 이상 거기에 있고 싶어도 있을 수가 없었습니다.

13. 행복한 가정에서

청년은 하루 종일 이곳저곳을 돌아다녔지만, 별로 재미있는 곳을 찾지 못했습니다.
이상하게도 불현듯이 어제 차창너머로 잠시 들여다보았던 그 가정이 떠올랐습니다.
동생을 껴안아 주던 아름다운 처녀가 생각이 났습니다.
갑자기 그녀를 한 번 더 보고 싶었습니다.
그들은 진정 행복해 보였습니다.
그들은 진정 그 청년이 가지고 있지 않은, 그 무엇을 가지고 있었습니다. 그것은 과연 무엇일까요?

'그 집에는 무엇인가 진기한 보물이 있을 것임에 틀림없을 거야.' 청년은 그렇게 생각하였습니다.
'돈이 없어도 행복할 수가 있다고? 그것은 분명 거짓말일 것이다. 그들은 분명히 많은 돈이나 보물을 어딘가에 감추어 두었을 것임에 틀림없다.'
청년은 결심하였습니다.
'밤이 되어 그들이 모두 잠이 들면, 그 집에 한번 들어가 보자. 나는 여태까지 도둑질을 해본적은 없지만, 이번

한번만 해보기로 하자. 그래서 뭔가 귀한 것을 얻어 가야 이번 여행에 보람이 있을 것이 아닌가. 그리고 그들은 전혀 무섭지 않아. 설사 실패해서 잡힌다고 해도 그들이 나를 해치지는 않을 거야.'
청년은 밤이 되기를 기다렸습니다.

드디어 밤이 되고, 그 집의 불이 모두 꺼지자, 잠시 후에 청년은 살짝 그 집으로 들어갔습니다.
그 집은 담도, 대문도 없었고, 현관문마저 잠겨있지 않았기에 들어가는 데에는 아무 어려움이 없었습니다.
그러나 청년은 무엇을 살펴보기도 전에 곧 발각이 되고 말았습니다.
아무도 없는 줄 알았던 거실에 주인 남자가 조용히 앉아 있었고, 그리하여 곧 그를 발견했던 것입니다.

주인 남자는 곧 불을 켰습니다. 그리고 청년을 보더니 별로 놀라지도 않고 조용히 미소를 지으며 말했습니다.
"안녕하시오. 이것, 참. 귀한 손님이 오셨군요."
그 소리가 들렸는지 식구들이 다 거실로 나왔습니다.
이들은 미처 잠이 들지 않았던 것인지, 아니면 이 나라 사람들은 잠이 없는 것인지, 주인 여자, 아름다운 처녀, 남자아이, 가장 어린 여자아이까지 다 나와서 청년을 신기한 듯이 쳐다보고 있었습니다.
주인 남자가 말했습니다.
"얘들아, 쳐다만 보고 있지 말고, 인사를 해야지."
그러자 그들은 까르르 웃으면서 인사를 했습니다.
'안녕하세요', '어서 오세요', '반가워요' 등등..
각본이 전혀 예상 밖으로 전개되자 청년은 내심 당황했지만, 눈매가 맑고 아름다운 그 처녀를 볼 수 있어서 기분은 좋았습니다.

환영을 마치자 주인 남자는 친절한 어조로 청년에게 물었습니다.
"반갑습니다. 그런데 어쩐 일로 방문하셨지요?"
청년은 당황했습니다.
'나는 도둑입니다.' 할 수도 없고, 강도처럼 무섭게 위협을 할 만한 분위기도 못 되었습니다. 가족처럼 환영을 하는데, 어떤 강심장이 그들에게 소리를 지를 수 있을까요.

청년은 말을 더듬으면서 간신히 말을 꺼냈습니다.
"저.. 저는 지나가는 여행자로서.. 이 집이 아주 행복해 보이고.. 혹시 무슨 귀한 보물이 있지 않을까 싶어서.. 잠깐 구경을 왔는데..."

그는 정신없이 횡설수설하고 있었습니다. 주인 여자는 잘 알았다는 듯이 빙그레 웃었습니다.
"우리 집의 귀한 보물이요? 호호호. 맞아요. 우리 집에는 참 귀한 보물이 많지요. 이렇게 모처럼 오셨으니까 저희가 하나씩 드리기로 하지요. 얘들아, 알았지?"

자녀들도 '네! 알았어요!' 하더니 각자의 방으로 들어갔습니다.
청년은 가슴이 뛰었습니다. 정말 그들은 처음 보는 사람인 자기에게 귀한 보물을 줄까요? 그리고, 그 보물은 무엇일까요?

가장 먼저 처녀가 보물을 청년에게 내밀었습니다.
그것은 연두색, 주황색, 노란색 털실로 짠 스웨터였습니다.
"제 선물을 받아주세요."
그녀는 말했습니다.
"보잘것없는 솜씨지만, 저는 그것을 지난 3개월 동안 날마다 짰답니다.
저는 그것을 짜면서 하나님께 이렇게 기도했어요. 세상에서 가장 귀한, 훌륭한 사람에게 이 스웨터를 드릴 수 있게 해 달라고요.

그리고 이것을 입는 사람의 마음이 행복으로 항상 따뜻하게 해달라고요."
청년은 너무 감동이 되어 스웨터를 받는 손이 덜덜 떨렸습니다. 그는 물었습니다.
"참 고맙습니다. 그런데 아가씨의 이름은 무엇이지요?"
아가씨는 뺨을 발갛게 물들이며 대답했습니다.
"제 이름은 '행복' 이예요. 형제님의 이름은 무엇이죠?"
청년도 대답했습니다.
"내 이름은 '강함' 이요. 그러나 지금 생각해 보니 나는 별로 강하지 않다는 생각이 드는군요."
청년은 자기의 입에서 자기도 모르게 겸손한 내용의 말이 나오는 것을 보고 놀랐습니다.
다음에는 나이가 열 서너 살쯤 되어 보이는 남자아이가 손에 스티커 뭉치를 들고 와서 말을 했습니다.

"저는 '우정' 이예요. 그리고 이것은.."
그는 스티커 뭉치를 가리켰습니다.
"1년 동안 제가 모은 거예요. 제가 가장 아끼는 것이지요. 저는 형이 없어요. 그래서 좋은 형을 달라고 하나님께 항상 기도했어요. 그리고 좋은 형을 만나면 이 스티커를 모은 것들을 주려고 모아 두었지요. 자, 이제 이것을 받으세요."

청년은 눈물이 나려고 하는 것을 억지로 참았습니다. 그 다음에는 여덟 살쯤 되어 보이는 여자아이가 조그만 강아지 인형을 들고 말했습니다.
"제 이름은 '미소'예요. 그리고 이건 저하고 가장 친한 친구예요. 엄마가 그러는데 제가 어렸을 때부터 같이 데리고 다녔대요."
청년은 '넌 지금도 어리단다.' 라고 말하려다 말았습니다.

주인아주머니도 보물을 가져 왔습니다.
그녀는 그녀의 손에 작은 아가의 배내옷을 들고 있었습니다. 그녀는 말했습니다.
"강함씨, 형제님은 결혼을 아직 하지 않은 것 같군요.
아마 아직 아빠가 되어 보지 않았겠지요.
그러면 이 배내옷이 엄마에게 어떤 의미를 주는지 모를 겁니다.
그러나 그것은 내게 사랑과 추억의 모든 것이 담겨있는, 가장 귀한 보물이에요."
청년은 그녀에게 물었습니다.
"이 귀한 것을 왜 저에게 주시죠?"
그녀는 단순하게 대답했습니다.
"가장 귀한 것이니까요."

주인 남자도 작은 보물을 가져왔습니다.
그것은 작은 종이를 코팅해서 보관한 것이었습니다.
그도 말했습니다.
"이것은 우리 아이들의 편지인데, 이 아이들이 어릴 때 쓴 것을 내가 보관해 놓은 것입니다. 내가 피곤하거나 힘이 들 때마다 꺼내어 보곤 하는 보물이죠."
청년이 받아서 읽어보니, 한 장에는 '아빠, 제가 아빠의 아들이 된 것이 얼마나 기쁜 일인지 모르겠어요. 사랑해요. 아빠'라고 쓰여 있었고, 다른 코팅 종이에는 '아빠, 죄송해요. 오늘 너무 급해서 오줌을 쌌어요. 혼내지 말아 주세요. 죄송한 미소가'라고 서투른 글씨로 씌어져 있었습니다.

주인 남자가 청년에게 물었습니다.
"어때요, 우리의 보물이 마음에 드십니까?"
청년은 아무런 대답도 하지 않았습니다.
사실 그러한 선물은 그에게 아무런 가치도, 의미도 없는 것들이었습니다.
그러나 그는 그와 같이 애정 어린 환대를 받아본 적이 없었습니다.
그는 공연히 눈시울이 뜨거워지는 것을 느꼈지만, 그러한 감정을 느낀다는 것은 그에게는 몹시 수치스러운 일이었으며, 그는 그런 느낌을 인정하고 싶지 않았습니다. 아무 말도 할 수가 없어서 그는 그곳을 떠나기로 했습니다.
"안녕히 계십시오."
간단하게 인사를 하고 그는 돌아섰습니다.

그가 문을 나서는데 그들은 모두가 따라 나왔습니다.
"형"
우정이가 그를 불렀습니다. 그리고는 애절한 표정으로 말했습니다.
"자고 가면 안 되나요?"
사랑스러운 여자, 행복이도 같이 말했습니다.
"가지 마세요."
그녀는 호소하듯이 말했습니다.
"제가 맛있는 음식을 만들어 드릴 게요."

청년은 그냥 돌아서서 걸어 나왔습니다.
그들의 환대에 감동이 되기는 했으나, 그들이 왜 자신에게 친절하게 대하는지도 이해가 가지 않았으며, 왠지 그곳은 그가 있어서는 안 될 것 같은 느낌이 들었던 것입니다.

그는 그 집에서 받은 보물을 가지고 다시 여인숙으로 갔습니다.
그리고 그 보물들을 하나하나 어루만지고, 살펴보았습니다.
그는 묘한 감동을 느꼈습니다. 또한 전혀 금전적인 가치가 없는 것에 감동을 느끼는 자신에게도 묘한 감정을 느꼈습니다.

그는 그 날 밤도 제대로 잠을 이루지 못했습니다.
여러 가지 말들, 생각들, 기억들이 꼬리를 물고 일어났습니다.
밤새 뒤척거리다가 새벽녘이 되어서야 그는 간신히 잠을 이룰 수 있었습니다.

14. 사랑의 나라의 교회

늦잠을 자고 입맛을 잃은 청년은 아침도 거른 채 무작정 밖으로 나왔습니다.
아직도 여러 가지 생각에 얽혀서 정신이 혼란스러운 청년은 이제 어디로 가야할 지 몰랐습니다.
청년이 걷고 있는 곳은 자그마한 마을이었고, 청년은 마을 사람들이 가족단위로 손을 잡고 삼삼오오 어디론가 즐겁게 가고 있는 것을 발견했습니다.
무료했던 청년은 갑자기 그들을 따라 가고 싶은 생각이 들었습니다. 무척 행복해 보이는 그들의 대열에 끼어들고 싶은 마음이 일어났습니다.

그는 말없이 그들의 뒤를 따라갔습니다.
그들은 소풍을 가는 듯 도시락 등 먹을 것들이 들어 있는 것으로 보이는 작은 가방들을 들고 즐겁게 노래하면서 조그마한 언덕을 넘어 숲 속의 작은 오솔길을 따라 걷고 있었습니다.
잠시 후 그들의 목적지가 나타났습니다.
그곳은 숲 속의 아담한 공터에 뾰족한 탑이 있는 작은

교회 건물이었습니다. 이상하게도 교회 건물은 여기저기 구멍이 나 있었고, 여러 번 새로 지어진 흔적이 있었습니다.
오늘은 아마 일요일인 모양입니다. 그들은 모두 소풍을 가듯이 온 가족들이 손을 잡고 교회에 가고 있었던 것입니다.
청년의 고향에도 교회가 있었고, 청년도 한동안 교회에 나가 본적이 있었습니다.
그러나 교회는 청년에게 별로 매력이 있는 곳이 되지 못했습니다. 재미도 없었고, 감동도 없었고, 청년의 삶에도 아무런 도움이 되지 않았습니다.
그래서 청년은 교회의 출석을 중단했던 것입니다.
이제 이 새로운 나라의 교회에 오게 되자 청년은 이 나라의 교회는 어떤 모습을 하고 있을까 몹시 궁금한 생각이 들었습니다.

청년은 교회 안으로 들어섰습니다. 교회는 작고 초라한 건물이었는데, 안에는 이미 사람들로 가득 채워져 있었습니다.
입구에서 안내를 맡은 사람은 꽃이나 사탕 같은 작은 선물들을 가지고 있었고, 그것을 여자들이나 아이들에게 나누어주었습니다.

선물을 받은 사람들은 꽃의 냄새를 맡기도 하고, 서로 포옹하기도 하는 등, 교회는 마치 잔치 집 같이 소란스러웠습니다. 그것은 청년의 나라의 적막한 교회와 너무 다른 모습이었습니다.

갑자기 청년을 향해 환호하는 소리가 들려왔습니다.
"어머, 강함씨!"
그는 놀라서 주위를 두리번거렸습니다.
행복이와 그 가족들이 그를 향하여 손을 흔들고 있었던 것입니다.
"형아, 나 우정이야!"
"오빠, 이리로 와요!"
행복이의 엄마도, 아버지도, 우정이도, 미소도 웃으면서 그에게 손을 내밀고 있었습니다.
청년은 반가움으로 눈물이 핑 도는 것을 느꼈습니다. 그러나 그는 내색하지 않았습니다. 그는 이러한 감정을 표현하는 데에는 몹시 서툴렀던 것입니다.

행복이는 그에게 다가와서 청년을 그녀의 옆자리에 앉혔습니다.
그녀의 부모는 주위 사람들에게 청년을 소개했습니다.
주위 사람들은 하나같이 청년을 향해 '참 멋진 젊은이

야!', '잘 생겼군요!' 하고 칭찬을 하는데 청년은 쑥스러워 죽을 지경이었습니다. 사랑과 따뜻함의 분위기, 그것은 청년에게 너무도 익숙하지 않은 것이었기 때문입니다.

잠시 후 예배가 시작되었습니다. 교회 안에는 특별한 장식이나 성구도 없이 마치 허름한 창고와 같았습니다. 조그마한 피아노 하나, 그리고 사람들이 앉을 수 있는 접이식 의자가 놓여 있을 뿐이었습니다. 교회 전면에는 강대상 대신에 작은 책상이 하나 놓여 있었고, 목사님이 의자에 앉아 있었습니다.
목사님은 50대쯤으로 보였는데, 허름한 점퍼를 걸치고 있었고, 막 일하다 나온 사람 같았습니다.
그는 밝은 미소와 함께 조용히 소곤거리듯이 이야기를 시작했는데, 청년은 항상 경직된 얼굴과 웅변적인 설교에 익숙해져 있었기 때문에 그러한 자연스러움이 몹시 이상하게 느껴졌습니다.

그들은 찬송을 부르기 시작했습니다. 그것은 마치 열린 음악회와 같은 분위기라고 할까요. 아무튼 자유스러웠습니다.
청년의 나라의 교회에서는 찬송을 부를 때 항상 규정된

찬송가를 4절까지 음정과 박자를 정확하게 맞추어서 불렀습니다.
그러나 이들은 아주 달랐습니다.
그들은 한 두절을 계속 반복하기도 했습니다. 후렴만 계속 부르기도 했습니다.
그들은 청년이 들어본 적이 없는, 단순하고 새로운 곡을 계속 반복해서 불렀습니다.
처음 듣는 곡이었지만 곡은 아주 쉬워서 한번 들으면 금방 익힐 수 있는 곡들이었습니다.
그들은 똑같은 곡을 조금 빠르게 부르기도 하고, 때로는 아주 천천히 부르기도 했습니다. 곡이 빨라지면 박수를 치는 사람도 있었고, 앉은 채로 몸을 흔드는 사람도 있었습니다.
곡의 흐름이 잔잔해 지면 사람들은 조용히 눈을 감거나 손을 들었습니다.
옆의 사람과 포옹을 하거나 어깨동무를 하고 있는 사람도 있었고, 흐느끼고 있는 사람들도 있었습니다.

찬송은 쉽게 끝나지 않았습니다. 음악이 조용히 잦아들면 아주 고요한 적막이 찾아왔고, 이제 끝났구나 싶을 때에 목사님이 조용하게 후렴을 시작하면 다시 청중은 따라 불렀습니다.

다시 조용해지자 이번에는 어느 아가씨가 후렴을 다시 시작했고 사람들은 다시 따라 불렀습니다.
이것이 몇 번 반복되고, 이제는 정말 끝이다 싶었는데 어느 작은 꼬마가 앙증맞은 목소리로 다시 시작했습니다. 음정이 많이 틀린 엉뚱한 음이었기 때문에, 사람들은 폭소를 터뜨렸습니다.

찬양은 그렇게 해서 끝이 났습니다. 거기에는 격식이 없었고, 적어도 그들은 그 찬양과 예배를 즐기고 있는 것이 분명하였습니다.
묘한 것은 어린아이들도 어른들과 함께 예배를 드리고 있는 것이었습니다.

청년나라의 교회에서는 어린이들 따로, 청소년들 따로, 청년들 따로, 나이별로 예배를 드렸습니다.
그러나 이곳에서는 가족단위로, 10대로 보이는 아이들도, 어린아이들도 엄마, 아빠와 함께 같이 예배를 드리고 있었습니다.
'저런 어린아이들도 설교를 이해할 수 있을까?' 하고 청년은 생각했으나, 목사님의 설교가 시작되자 그 의문은 곧 풀렸습니다. 설교의 내용이 너무 단순하고, 쉬웠기 때문입니다.

설교가 시작되자 목사님은 여전히 앉은 채로 이야기를 시작하였습니다.
잔잔하고 부드럽게, 나지막한 목소리로 이야기를 하는데, 그 모습은 설교라기보다는 할아버지가 아랫목에 앉아 손자들에게 구수한 옛날이야기를 들려주는 것 같았습니다.
목사님은 장난기를 많이 가지고 있었습니다. 그는 이야기를 하면서 쉽고, 싱거운 질문을 많이 하였습니다.
아이들은 얼른 손을 들었고, 적당한 대답을 한 사람에게는 목사님이 초콜릿이나 사탕을 선물로 던졌습니다. 사람들은 그것을 받으려고 하다가 넘어지기도 하고, 그러면 교회는 한바탕 웃음꽃이 피었습니다.

목사님의 설교내용은 아주 단순했습니다.
그것은, 우리는 영혼의 진보를 위해서 이 땅에 왔다는 내용이었습니다. 그리고 그것을 위해서 우리는 서로 사랑해야 한다는 것이었습니다.
목사님은 우리가 어떻게 서로 사랑할 수 있는지를 이야기하였습니다.
그는 청중들에게 여러 가지 동작을 시켰습니다. 서로 손을 잡거나, 사랑의 고백을 하도록 시키기도 하며 상대방의 고민을 듣는 시간을 주기도 하며 여러 사람에게 돌아다니면서 포옹을 하도록 시키기도 했습니다. 또 사랑 받지 못한 사람의 고통스런 표정, 자기밖에 모르는 사람의 허무한 모습을 여러 사람들에게 흉내 내도록 시키기도 했습니다. 어린아이들은 여러 가지 재미있는 모습을 흉내 냈고, 사람들은 다시 깔깔거리고 웃었습니다.

어느덧 예배는 끝이 났습니다. 사람들은 모두 일어나 서로 껴안고 노래를 부름으로써 예배를 마쳤습니다.
그들은 예배를 마친 후에도 아무도 가지 않고, 삼삼오오 모여 이야기를 하고 있었습니다. 그리고 십여 명씩, 사람들은 그룹으로 모여 바깥마당의 잔디밭으로 나갔습니다. 그리고 가져온 도시락을 꺼내어 그들의 잔치를 시작하고 있었습니다.

청년은 긴 잠에서 깨어나듯 자기의 정신으로 돌아왔습니다. 그는 혼란스러웠습니다.
그는 사랑과 따뜻함, 친절함이 무엇인지 모르고 살아왔습니다. 그러므로 이러한 분위기는 그에게 고통스러운 것이었습니다.
그는 얼마간은 편안했고, 얼마간은 거북스러웠습니다.
정말 이 나라는 사람도, 문화도, 교회도, 사는 방식도, 모든 것이 달랐습니다.

15. 다양한 설교자들

예배가 끝나자 행복이가 청년의 손을 잡아끌면서, 목사님께 인사를 드리러 가자고 했습니다. 청년이 어색하고 쑥스러워서 망설이고 있자, 그녀는 그냥 악수만 하고 오면 된다고 속삭였습니다.
할 수 없이 청년은 행복이의 손에 이끌려 목사님에게로 갔습니다. 목사님은 여러 사람들에게 둘러싸여 있었는데, 행복이가 다가가자 기쁜 듯이 눈을 치켜뜨고 웃었습니다.

"행복양, 보게 되니 너무 기쁘군요."
그녀도 웃으면서 인사를 하고 청년을 소개했습니다.
목사님은 조용하고 맑은 눈으로 청년을 응시했습니다.
그 눈빛 가운데 문득 적막이 느껴졌습니다. 이 사람은 왠지 자신을 잘 알고 있는 것 같은 느낌이 들었습니다.
목사님은 청년의 손을 부드럽게 잡으며 물었습니다.

"반갑소. 젊은이. 그런데 어디에서 오셨소?"
청년은 솔직하게 대답했습니다.

"미움의 나라에서 왔습니다. 잠시 여행하고 있는 중이죠."
목사님의 눈에 잠시 사랑과 연민의 빛이 스쳐갔습니다.
목사님은 청년의 손을 잡은 채로 부드럽게 말했습니다.
"좋은 여행이 되시기를 바라오. 그리고.."
그는 말을 이었습니다.
"고통스럽더라도 잘 견디면 좋은 일이 있을 것이오."
그는 청년의 마음을 다 알고 있는 것 같았습니다.

청년은 행복이와 함께 바깥마당으로 식사를 하기 위해 나왔습니다.
잠시 목사님과 함께 있었는데 뭔가 알 수 없는 평화로운 기운이 그에게서 느껴졌습니다.
행복이네 가족들과 잔디밭에 앉아 식사를 하면서 청년이 행복이에게 물었습니다.

"그런데, 행복씨, 목사님 곁에 가니까, 무슨 고약한 악취가 나던데, 그게 무슨 냄새죠?"
그러자 행복이가 쿡쿡 웃었습니다.
"강함씨도 맡으셨어요?"
그녀는 깔깔거리더니 설명을 해 주었습니다.
"목사님께서 어제 저녁에 화장실 청소를 하셨는데, 그

만 실수로 거기에 빠지셨어요. 그래서 아직까지 냄새가 나는 거예요."
청년은 기가 막혔습니다. 이 나라는 아직 화장실에 수세식 시설이 된 곳이 별로 없었고 대부분 재래식 화장실이었습니다.
그러나 목사님이 화장실 청소를 하다가 빠졌다는 것은 별로 상상이 가지 않았습니다.

청년은 물었습니다.
"어떻게 그럴 수가 있지요?"
행복이가 다시 설명했습니다.
"목사님은 교회 가족들의 집을 다니시면서 화장실 청소나 도배 같은 일을 하시는 것을 좋아하세요. 그냥 그런 일을 좋아하시나 봐요.
그런데 일을 잘 하지는 못하시는 것 같아요. 가끔 저렇게 사고가 나거든요."

청년이 다시 물었습니다.
"그러면, 목사님의 사모님이 싫어하시지는 않나요?"
"사모님도 같이 하시는 걸요."
청년은 할 말이 없었습니다.

청년은 화제를 바꾸었습니다.
"목사님은 어느 신학교를 나오셨지요?"
행복이는 눈을 동그랗게 떴습니다.
"신학교가 뭐지요?"
그들의 이야기를 잠자코 듣고 있던 행복이의 아버지가 행복이에게 말했습니다.
"신학교란, 목사님이 되도록 배우는 곳이란다. 우리나라에서도 예전에는 있었는데, 오래 전에 없어졌지."
행복이는 눈을 크게 떴습니다.
"배워서 목사님이 된다고요? 그것이 가능한 가요?"
청년도 물었습니다.
"그런데 왜 없어졌지요?"

행복의 아버지는 헛기침을 하고 나더니 이야기를 시작했습니다.
"우리나라에도 예전에는 신학교가 있었고, 그곳에서 뭔가를 배운 사람들이 목사님이 되어서 교회에서 설교를 하곤 했었소.
그러나 그들의 말은 너무 어렵고 우리들의 생활과 동떨어진 이야기들이어서 사람들은 재미없어 했고, 그래서 점차로 교회에 나오는 숫자들이 줄어들기 시작했습니다. 그래서 우리들은 많이 배우고 신학교를 나온 목사님들이 설교를 하는 것보다는 적게 배우고, 아는 것이 적은 사람들이 설교를 하는 것이 낫지 않을까 생각을 하게 되었지요.
우리들은 모두 무식했기 때문에 어려운 설교는 이해할 수가 없었기 때문이었소.
그래서 우리들은 페인트공, 도배공, 생선가게 아저씨, 보일러공과 같은 분들에게 설교를 부탁했고 그들이 설교를 하기 시작했지요. 그런데 그들의 설교는 아주 듣기가 쉬웠소.
그들은 신학에 대하여 아는 것이 없었기 때문에, 생선을 팔다가 느끼는 생각들, 주님께서 깨닫게 해주신 것들, 도배를 하다가 깨달은 말씀들을 나누게 되었소. 우리는 그 말씀들을 이해하기가 몹시 쉬웠고, 재미가 있었지요.

생선가게 아저씨는 우리가 생선을 먹을 때 건강해 지는 것처럼, 우리는 주님의 말씀을 먹어야 한다고 말했소. 또 그는 제대로 소화하지 않으면 탈이 나는 것처럼, 우리도 말씀을 먹을 때 탈이 나지 않도록 꼭꼭 그것을 씹어 먹고, 꼭 그 말씀을 소화하고 실천해야 한다고 설교했소.
보일러공은 따뜻한 물로 차가운 집을 데우듯이, 우리의 마음을 따뜻한 사랑으로 덥게 해야 한다고 설교했으며,

도배 아저씨는 집이 아무리 낡았어도 도배를 하면 깨끗해지듯이, 우리의 인생이 오래되었고, 육체가 쇠약해 졌어도, 마음을 하나님의 말씀으로 아름답게 도배하면 깨끗해진다고 말했소.

페인트공 아저씨는 여러 색깔의 페인트를 가지고 와서 설교를 했소. 그는 먼저 검은 색의 페인트를 보여주고, 그것이 우리의 죄를 보여주는 것이라고 설명한 다음, 빨간색 페인트는 예수님의 보혈이 우리의 죄를 씻어주는 것이라고 설명했소.
그는 다시 하얀색 페인트로 우리의 변화된 마음의 깨끗함을 가르쳤으며, 녹색, 노랑색, 주황색 등으로 치유, 평화, 사랑 등을 설명했소.
예배를 드리면서 우리는 모두가 자기가 좋아하는 색깔의 페인트를 가지고 페인트칠을 하면서 하나님께 우리의 신앙을 고백하고 나누었소. 그것이 우리의 설교이며, 예배가 된 것이지요.

모든 사람들이 이 새로운 설교방식을 좋아했소. 그래서 그 다음부터 사람들이 이야기를 듣고 싶어 하는 사람이 목사님이 되었고, 차츰 신학교는 없어져 버리고 만 것이지요."

청년은 다시 물었습니다.
"그러면 저 목사님은 어떤 일을 하셨었지요?"
행복이의 아버지가 대답했습니다.
"청소부 출신이오. 그래서 그는 지금도 청소를 하면서 살고 있고 가끔 화장실 청소도 즐기곤 하지요.
그는 우리에게 영혼의 진보에 대해서 가르치고 있소. 더러운 화장실을 깨끗하게 할 때 우리의 마음이 기쁘게 되는 것처럼 우리 마음의 더러움을 깨끗이 청소하는 것이 영혼에게 큰 기쁨을 준다고 가르치고 있소.
그는 가장 더러운 것이 가장 아름다운 것으로 바뀌어 질 수 있다고 항상 우리들에게 가르치고 있지요."

16. 구멍 뚫린 교회

청년은 다시 질문을 했습니다.
"그런데 왜, 지붕과 건물의 여기저기에 구멍이 뚫려져 있지요? 또 여기저기 새로 보수한 흔적이 많이 있군요. 그 이유가 뭐죠?"
이번에는 행복이가 대답했습니다.

"오래 전 이 교회건물을 지을 때, 여기서 얼마 떨어지지 않은 곳에 아주 작은 교회가 있었는데, 그 교회도 같이 건물을 짓고 있었어요. 우리들은 그 사실을 몰랐는데, 목사님만이 그것을 알고 있었지요.
그런데 밤마다 우리교회를 지으려고 쌓아놓은 벽돌들이 없어지기 시작했어요.
그래서 우리들은 벽돌을 숨겨 놓았지요. 그런데 그 다음 날 밤부터는 우리 교회 건물의 여기저기에서 누군가가 벽돌을 떼어 가는 것이었어요.
그래서 낮에 거기에다 보수공사를 해 놓으면 다시 밤에 구멍이 생겼지요. 그뿐만 아니라 교회 안에 있었던 오르간, 기타 등의 악기도 하나 둘씩 없어져 가는 거예요.

할 수 없이 우리는 그 도둑을 잡기 위해서 밤에 숨어서 기다렸지요. 알고 보니 그 도둑은 목사님이셨어요.
목사님은 벽돌을 뜯어다가 밤에 몰래 그 교회에 가서 갖다놓고, 악기들도 거기에 갖다놓으셨지요. 그 교회는 몹시 작고 가난한 교회였기 때문에 도와주는 사람이 별로 없었나 봐요.
그 일이 알려져서 우리는 그 교회와 우리 교회를 같이 지었고, 기념으로 우리교회는 구멍이 뚫린 채 놔두기로 했어요."

청년은 큰 소리로 웃었습니다.
"목사님이 교회건물을 훔치다니, 참 끔찍한 일이군요."
"재미있지요? 하지만 더 끔찍한 일도 있어요."
청년은 호기심이 생겼습니다.
"그래요? 더 끔찍한 일이란 게 뭐죠?"
"우리는 교회에서 쫓겨날 뻔하기도 했어요."
"왜요? 왜 교회에서 쫓겨나죠? 무슨 잘못을 저질렀나요?"
그녀는 아름다운 미소를 지으면서 말했습니다.
"몇 년 전에 우리 마을의 근처에 작은 교회가 새로 생겼어요. 이 교회에는 지금보다 사람이 훨씬 많아서 다 같이 모여서 예배드리는 것이 힘들었는데, 목사님은 잘 되었다고, 우리들보고 그 교회로 많이 옮기라고 하셨어요. 그러나 옮겨가는 사람이 별로 없으니까 목사님은 성도들의 재산을 조사해서 돈이 조금 있는 사람들은 다 그곳으로 가도록 하셨어요.
그런데 우리는 모두 가난해서 그곳으로 가게 된 사람이 얼마 없었거든요.
그러자 공부를 많이 한 사람을 다시 내 보냈지요. 그런데 여기는 공부를 많이 한 사람도 별로 없어서 나갈 사람이 얼마 없었지요.
그래서 목사님은 최후의 방법으로 성경시험을 쳤어요."
"그래서 어떻게 되었죠?"

청년은 이야기에 빠져들고 있었습니다. 그에게는 모든 것이 신기한 이야기뿐이었습니다. 그의 고향의 교회에서는 교인들을 많이 데려오기 위해 서로 많이 경쟁하고 싸우고 있었기 때문입니다.
그들의 교회에서는 교인이 다른 교회로 가면 마구 욕을 퍼부었으며 다른 교회에서 교인이 오면 교인의 숫자가 늘기 때문에 아주 좋아했습니다.
그래서 이들의 이야기는 신기하기가 그지없었습니다.
"성경시험을 쳐서 70점 이상이 되는 사람들은 다 그 교회에 가게 되었지요.

목사님께서 여러분들은 더 배울 것이 없으니 다른 곳에 가야 된다고 하셨어요."
"행복씨는 몇 점을 맞았나요?"
"저는 성경을 잘 몰라요. 그래서 50점을 맞았어요. 그래서 간신히 남게 되었지요.
그런데 목사님은 성경을 많이 아는 것을 별로 좋아하시지 않는 것 같아요. 아는 게 많아지면 자꾸 가르치려고 하고 실천을 하지 않는다고 하시지요.
그래서 그런지 성경공부 같은 것을 별로 안 하세요.
성경공부 하자고 해서 모이면 마을 청소를 하자고 데리고 나가시고요, 기도회 하러 모이자고 해서 모이면 같이 데리고 혼자 사는 외로운 할머니들을 찾아가곤 하세요."

청년은 납득이 갈 것도 같았지만, 자꾸 의문점이 떠올랐습니다. 그는 다시 물었습니다.
"하지만, 교인들을 내 보내고, 그렇게 해서 자꾸 숫자가 줄어들면 어떻게 교회가 부흥되고 발전하겠습니까? 그리고, 교회는 전도를 굉장히 강조하는 곳으로 알고 있는데 오히려 있는 사람을 내쫓다니요?"
그 말에는 아무도 대답하지 않았습니다.
청년은 재차 물었습니다.

"그러면 전도는 어떻게 하지요?"
여전히 그들은 서로 쳐다만 보고 있었습니다.
"그러면 4영리 전도에 대해서 아나요? 다리 예화 전도는요?"
청년은 고향에서 어느 정도 교회를 다닌 경험이 있어서 그 정도는 알고 있었습니다. 그러나 그들은 모두 머리를 흔들었습니다.
"우리들은 그런 것을 몰라요."
"그러면 여기에 온 사람들은 다 어떻게 온 것이지요? 길에서 꽤 먼 거리에 있던데, 이들은 어떻게 알고 왔나요?"

다시 행복이가 대답했습니다.
"우리들은 이웃을 사랑하고 좋은 관계를 가집니다. 같이 식사도 하고 함께 놀기도 하고 노래도 부르지요. 재미있는 이야기도 합니다. 그들의 집안일을 해 주기도 하고, 그들의 문제를 도와주기도 합니다.
우리는 단순히 그런 일들이 즐거워서 하는 것뿐입니다. 우리는 그들에게 교회에 나오라고 이야기하지는 않지만, 그들이 따라서 나올 때가 많지요.
이곳에 있는 대부분의 사람들이 다 그렇게 해서 나온 사람들입니다."

청년은 잠시 생각에 잠겼습니다. 그리고 얼마 후에 말했습니다.
"이곳에 오니 욕심도 없고, 아무 걱정도 없이 편안한 삶의 분위기를 느낄 수가 있고, 조금 마음이 평안해 진 것 같기도 합니다.
그러나 교회는 뭔가 사람의 삶에 자신감과 비전, 이상을 주는 곳이 아닌가요?
무조건 그저 현실을 받아들이고 만족하며 무기력하게 사는 것이 과연 행복일까요?
사람은 누구나 꿈과 열정이 필요한 것이 아닐까요?"

묵묵히 그들의 이야기를 듣고 있던 행복의 어머니가 조용히 입을 열었습니다.
"이 곳에서도 모든 사람이 꿈과 열정, 이상을 가지고 있습니다."
그녀는 잠시 말을 멈추고 숨을 고른 후에 다시 말을 이어갔습니다.
"그러나 우리의 이상은 보이는 것, 썩어질 것들에 대한 이상이 아니며 영혼의 발전을 이루는 것에 대한 것입니다.
이 나라에 사는 모든 사람이 그것을 원하며, 이 나라는 그것에 의해서 유지가 되어가고 있지요.

물론 이 곳에 살고 있는 각 사람들마다 영혼의 발전상태는 모두 다릅니다.
그러나, 그들은 모두 하나같이 좀 더 발전해 가기를 원한답니다. 그래서 좀 더 진보된 사람은 각계의 지도자가 되어 남을 섬기고 사랑하며 종과 인도자의 역할을 담당하게 되는 것이지요.
교회는 바로 그런 것들을 가르치고, 그러한 영적 진보의 비전을 우리들에게 제시해 주고 있는 것이지요."

식사와 다과를 들고 나서, 청년은 교회를 나왔습니다.
행복이가 커피타임이 있으니, 좀 더 있으라고 요청했지만, 그는 거기에 더 머물러 있는 것이 힘들었습니다.
여러 가지의 많은 이야기를 들었고, 경험했으며 그 가운데는 좋게 느껴지는 것도 있었지만, 아직 그가 이 모든 것들을 받아들이는 것은 무리였습니다.

영혼의 진보? 청년은 이때껏 살아오면서 그러한 이야기를 들은 적이 없었습니다.
다만 육체의 필요, 욕구, 성공, 출세, 돈, 명예에 관한 것이 다였습니다.
그리고 교회도 별반 다르지 않았습니다.
간혹 교회나 종교 단체에서 영혼이나 어떤 영적인 능력

에 대하여 말하는 것을 들은 적은 있지만, 그것은 다 이러한 성공을 얻기 위한 방편으로 말하는 것이었을 뿐, 그 자체에 목적을 두고 말하는 것을 들은 적은 없었습니다.

그런데 이 나라에서는 가는 곳마다 사람들은 영혼의 진보에 대해서 말하는 것이었습니다. 그리고 이 사랑의 나라는 영혼의 진보를 외치는 사람들의 열망에 의해서 움직여지고 있다고 합니다.

도대체 이 영혼의 진보란 무엇일까요?

과연 그것이 진정한 행복과 성공의 근원일까요?

아직 잘 알 수 없었습니다.

분명한 것은 이 사랑의 나라가 뭔가 청년의 구미에 맞지 않는다는 것이었고, 그는 너무 혼란스럽고 피곤하다는 것이었습니다.

그는 이제 혼자 있고 싶었습니다. 그는 다시 여인숙으로 돌아왔습니다.

17. 에너지의 법칙

다시 하룻밤을 보내고, 청년은 다시 거리로 나왔습니다.
청년은 이제 위기의식을 느끼고 있었습니다.
이제 그는 여행을 끝내고 그의 고향으로 돌아갈 때가 된 것을 알고 있었습니다.
여기에 조금 더 머물러 있게 되면 아마 여태껏 그의 인생을 지탱하고 있었던 여러 사고의 기초들이 와르르 무너질지도 모르는 일이었습니다. 그는 이미 여러 차례 그러한 위기에 직면했었던 것입니다.

사람은 누구나 영적인 존재입니다.
사람을 둘러싸고 있는 육체, 외모는 그 사람의 옷에 불과할 뿐, 그 육체 속의 영혼의 상태가 곧 그 사람인 것입니다.
이 영혼의 상태는 어떤 성향, 즉 에너지의 성격을 띠고 있습니다.
어떤 영혼은 분노의 에너지로 가득 차 있고, 어떤 영혼은 근심의 에너지로, 어떤 영혼은 더러움의 에너지로 채워져 있습니다.

진보된 영혼은 사랑과 기쁨, 평화의 에너지가 가득합니다. 이와 같이 사람은 그의 외모가 아닌, 그 영혼의 상태에 의하여 삶이 지탱되고 움직여져 나가는 것입니다.

그 영혼에 분노의 영이 가득한 사람은 어떤 환경에서도 화를 냅니다.
근심 에너지가 많은 사람은 어디에서나 근심하며, 원망 에너지의 사람은 항상 원망하고 감사 에너지의 사람은 항상 감사합니다.
이러한 영혼의 에너지는 환경을 끌어당깁니다. 그러므로 사람의 삶의 행, 불행을 결정하는 것은 환경이 아니라 영혼의 발전 수준, 상태인 것입니다.
자기 영혼의 고유한 상태를 유지하기 위하여 이 내부 에너지는 항상 외부로부터 에너지를 공급받아야 합니다.
주님께서 사람이 떡으로만 살 것이 아니요, 하나님의 입에서 나오는 모든 말씀으로 산다고 말씀하신 것 (마태복음 4:4) 은 바로 이러한 의미인 것입니다.

사람의 영혼 속에 어떠한 에너지가 들어오게 되면, 그것이 좋은 에너지이든, 나쁜 에너지이든 사람은 그것이 없이는 살 수 없습니다.
마약 에너지가 들어와 그것에 중독된 사람은 그것이 없

이는 견디지 못합니다. 그것이 자신을 파괴한다는 것을 잘 알면서도 이미 그 몸 안에서 마약에너지의 집이 있기 때문에 일정한 시간이 지나도록 그 에너지가 들어오지 않으면 금단현상의 고통을 겪게 되는 것입니다.

술도, 도박도 마찬가지입니다. 일단 어떤 에너지이든, 외부에서 들어오면 그것은 그 사람을 지배하게 됩니다.
사람도 마찬가지입니다.
일단 어떤 사람의 에너지를 받아들이게 되고, 그 에너지가 자신의 마음속에 들어오게 되면 (이것을 흔히 정이 들었다거나 사랑에 빠졌다고 표현합니다) 그 사람이 없이는 살수가 없는 것입니다.

더러운 에너지가 있는 사람은 그것을 유지하기 위해 더러운 에너지를 공급받아야 합니다. 더러운 그림을 보고, 더러운 말을 해야 그는 살 수 있는 것입니다.
그러므로 세상에서는 폭력적인 영화, 악한 영화, 문화가 많이 존재하는 것입니다.
그들은 자신의 속에 그 에너지가 있기 때문에 더럽고, 악한 것에서 에너지를 공급받고, 만족을 느끼는 것입니다.
거룩하고 아름다운 에너지를 가지고 있는 사람은 그러

한 악한 에너지에서 심한 고통을 느끼는 것입니다.
청년은 미움의 나라에서 태어났고, 살았습니다. 그의 속에는 미움의 에너지가 가득 채워져 있었습니다.
그는 아주 작은 일에도 상처를 받고 용서하지 않으며, 항상 불평하고 미워하고 비판하면서 살았습니다.
그것이 그의 고유한 에너지 상태였습니다.
그러나 이 나라에 온 이후 그는 미움의 에너지, 분노의 에너지를 공급받지 못했습니다.
모든 사람이 그에게 친절하게 대해 주었고, 사랑과 부드러움으로 대해 주었습니다.
그의 영혼에는 아직 사랑이 들어 올 수 있는 자리가 없었고, 그의 영혼 속의 미움 에너지는 허기가 져서 굶어 죽을 지경이었습니다.
이 때문에 그는 그렇게 지치고 힘들었던 것입니다.

에너지의 전환에는 항상 엄청난 고통이 따릅니다.
미움의 영이 나가고 사랑의 영의 그릇이 형성되는 데에는 말할 수 없는 고통과 아픔을 겪어야합니다.
무엇이든 한번 자리를 차지한 것은 쉽게, 호락호락 그의 위치를 양보하지 않기 때문입니다.
이 청년이 그의 상태를 유지하려면 누군가 서로 싸우는 소리를 들어야 합니다. 누군가 서로 욕하는 소리를 들어야 합니다. 서로 비난하는 장면을 보아야 합니다. 분노를 폭발하는 것을 보아야 합니다. 그러면 그는 물을 만난 고기처럼 생생해 질 것입니다. 그러나 이제 더 이상 이곳에서는 그것을 기대할 수 없었습니다.

그가 여기에 계속 남아있다가는 그의 속에 있는 분노의 영은 굶어죽고 말 것입니다. 물론 그것은 그가 진정한 행복으로 가는 길이었지만, 그가 그 사실을 알 리가 없었습니다.

그는 이제 이 나라를 떠나려고 생각하고 있었습니다.

생각에 잠겨 무작정 길을 걷는 그의 눈에 도로의 한 복판에 걸려있는 플래카드가 들어왔습니다.

그 플래카드에는 '마을 대표의원 선거 연설회' 라고 쓰여 있었습니다.

그것을 보고 갑자기 그는 생기가 되살아났습니다.

그의 고향에서도 선거를 하는 것을 많이 보았고, 그러한 연설에서는 항상 자기 자랑과 상대방에 대한 비난과 공격, 폭로, 흑색선전이 있었던 것입니다.

이제 그는 이 나라에서도 싸우는 것을 볼 수 있는 좋은 기회를 얻게 되었던 것입니다.

그는 기대감으로 가득 차서 연설회의 장소를 찾아갔습니다.

18. 마을 선거

연설회장에는 이미 많은 사람들이 모여 있었습니다.
입후보는 두 사람 뿐 이었는데, 청년이 입장했을 때는
이미 후보 중 한사람이 연설을 하고 있었습니다.
50대 중반으로 보이는 온유한 인상의 후보가 조심스럽
게 말을 하였습니다.

"이런 말씀을 드리기가 무척 죄송하지만, 저는 이곳에
나오고 싶어서 나온 것이 아닙니다. 여러 귀하신 분들이
저에게 강요하다시피 하셔서 저는 순종하는 마음으로
나온 것 뿐입니다.
이 마을을 위해서 해야 할 중요한 일들이 많이 있지만,
저는 그것이 저의 능력으로는 힘에 부치다는 사실을 잘
알고 있습니다.
그러나 여러분이 보고 계신 저 후보님은 아주 유능한 분
이시며, 충분히 이 마을을 위해서 일하실 수 있는 분이
라고 저는 생각합니다."
곧이어 다른 후보가 나왔습니다. 그 후보의 말도 별반
다를 것이 없었습니다.

"여러분, 저 역시 이곳에 어쩔 수 없이 나왔지만, 상대 후보님의 모습을 보고 저는 깊은 인상을 받았고 감동을 받았습니다. 부디 저분을 찍어 주십시오. 저도 기꺼이 도울 것입니다."
청년은 이곳에서도 다시 실망을 할 수밖에 없었습니다.
연설회장 특유의 열기 같은 것도 없었습니다.
오직 연설자들의 차분하고 부드러운 호소가 있을 뿐이었습니다.
다시 첫 번째 연사가 나왔습니다.

"자꾸 저를 높이시기 때문에, 저의 출생과 과거를 말씀드리지 않을 수가 없군요.
저의 고향은 배반의 나라입니다. 저는 그곳에서 태어나고 자랐습니다. 이 나라에 온 것은 불과 몇 년밖에 되지 않았습니다.
저는 그곳에서 항상 남의 은혜를 모르고 배반하는 삶을 살아왔습니다.
부모님께서 베푸신 은혜는 다 잊고, 그들이 제게 준 상처만을 기억하고 간직하며 살았습니다.
저를 가르치신 선생님과, 많은 분들의 도움을 받아도, 저는 그 모든 것을 잊고 은혜를 저버리며 살았습니다.
저는 항상 감사할 줄 모르고 원망, 불평만을 일삼으며

살아왔습니다. 이렇게 저의 한평생을 보내왔던 것입니다.
이제 하나님의 은혜로 이렇게 사랑의 나라로 오게 해 주셔서 지금 저는 저의 영혼을 정화시키고, 지난날의 잘못을 되풀이하지 않도록 조금씩 배워나가고 있는 중입니다.
그런데 이런 제가 어떻게 여러분의 지도자가 될 수 있겠습니까?"

곧이어 두 번째 후보자가 나왔습니다.
"여러분 저도 저의 출신지를 밝히겠습니다. 저의 고향은 미움의 나라입니다."
청년은 깜짝 놀랐습니다. 그곳은 자기의 고향이기도 했기 때문입니다.

"저는 그곳에서 태어났고, 항상 모든 사람을 미워하면서 살았습니다. 사실 저는 자신이 남을 미워한다는 사실도 알지 못했었습니다. 그곳에서는 모든 이들이 서로 미워하고 있기 때문에 자신이 미움에 빠져 있다는 것을 아무도 알지 못했습니다.
거기서는 오직 자신만을 사랑했고, 자신과 관계된 사람들만을 사랑했기 때문에 결과적으로 그것은 대부분의 사람을 미워할 수밖에 없다는 사실을 과거에는 몰랐던 것입니다.
나는 너무 사랑이 메마른 냉정한 사람이었기에, 수많은 사랑과 긍휼을 베풀 기회를 수없이 그냥 지나쳤습니다.
굶주린 사람이 지나가도, 외로운 노인을 만났어도, 슬픔과 절망에 몸부림치는 사람을 만났어도, 나는 그저 냉정하게 지나쳐 갔습니다."
그는 손수건을 꺼내어 눈물을 닦았습니다.

"나는 사랑의 가치를 알지 못했습니다. 나의 고향에서 나는 성공하고 유능한 사람이었지만 나는 항상 불안했습니다. 그것이 영혼의 고통인 것을 여기 와서야 나는 알았습니다.
하나님의 은혜로 저도 불과 몇 년 전에 이 나라로 온 것입니다.
여러분, 이와 같이 과거에 악한 사람이었고, 영혼의 진보를 위하여 이제 발걸음을 떼어놓기 시작한 제가, 마을의 지도자가 되다니요, 그것은 있을 수 없는 일입니다."

청년의 마음속 깊은 곳에서 무엇인가가 치밀어 올라오고 있었습니다. 그것은 무엇이라고 표현하기 어려운 슬픔, 고통이었습니다.

청년은 어느덧 자신이 조용히 흐느끼고 있다는 것을 느꼈습니다.
그러나 청년은 울고 있었지만, 자신이 왜 우는지 알 수 없었습니다.
그것은 영혼의 탄식이었고, 지난 몇 십 년을 고통스럽게 살아온 고통의 몸부림이었으나 청년은 그것을 알지 못했습니다.
다만 같은 고향 사람의 말을 들으니 감동을 느끼나보다 하고 생각할 뿐이었습니다.

옆에서 그들의 연설을 듣고 있던 할머니가 눈물을 닦으면서 청년에게 말했습니다.
"저분들의 영혼은 참 아름답지요? 저분들은 두 분 다 헌신적인 사랑과 섬김으로 주위에 널리 알려진 분들이랍니다.
그런데 참 이상해요. 우리나라에서 태어나고 자라난 본토박이들 보다도 저렇게 다른 나라에서 일생을 살다 오신 분들이 참으로 빨리 영혼의 진보를 이루어 가더군요.
과거에 이루지 못한 영적 성장을 빨리 이루려고 하는 것인지, 아니면 추운데서 오래 고생을 한 사람은 따뜻함을 좀 더 빨리 인식하고 누리는 것인지도 모르지요."

청년은 연설회장을 나서서 밖으로 나왔습니다. 이 나라는 그가 있을 곳이 되지 못했습니다. 그는 이곳에 더 있으면 자신이 변화될 것이 두려웠습니다.
문득 방금 들었던 할머니의 말이 떠올랐습니다. '참 이상해요. 다른 나라에서 오랫동안 고생하던 분들이 오히려 영적 진보가 빠르더군요.'

그는 생각했습니다. '나도 이곳에 오면 저들처럼 될 것인가? 빠르게 성장할 것인가?
그는 힘차게 고개를 저었습니다. '내가 왜 이런 쓸데없는 생각을 하는 거야..'
청년은 목적지 없이 조용히 걷기 시작했습니다.

19. 공원에서

걷다가 지친 청년은 공원에서 멈추었습니다.
이 사랑의 나라는 크고 화려한 건물은 별로 없는 반면에 자연 그대로의 아름다움이 그대로 보존되어 있어서 도처에 공원이 많았습니다.
그래서 어디에나 벤치나 통나무로 만든 탁자들을 볼 수 있었고, 거기에 앉아서 차를 마시면서 대화를 나누거나 그림을 그리거나 글을 쓰는 사람, 생각에 잠겨있는 사람들을 항상 볼 수 있었습니다.

청년은 벤치를 찾아서 앉았습니다.
거기서 잠시 쉬고 있었는데, 문득 건너편 멀지 않은 벤치에 매우 아름다운 여인이 앉아서 흐느껴 우는 모습을 발견했습니다.
그 여인은 이 사랑의 나라에서 쉽게 볼 수 없는 아름답고 화려한 옷차림을 하고 있었으며 아주 세련된 용모를 지닌 미인이었습니다.
저런 여인이 왜 울고 있는지 청년은 몹시 호기심이 생겼습니다.

청년이 앉아있는 벤치 가까이에 어떤 할머니가 앉아 있었는데, 청년은 이 할머니가 그 여인을 몹시 측은한 표정으로 바라보고 있는 것을 발견했습니다.

청년은 할머니에게 물었습니다.
"할머니, 할머니는 저 여인을 아십니까?"
할머니는 잔잔한 웃음으로 대답했습니다.
"나는 나이가 많아요. 그래서 이곳에서 일어나는 많은 일들을 알고 있지요."
그리고는 이렇게 덧붙였습니다.
"청년, 이 나라는 작은 나라랍니다. 그리고 우리는 서로 모두에게 관심을 갖고 있기 때문에 대부분의 일들에 대해서, 대부분의 사람들에 대해서 잘 안답니다."

청년은 이어서 물었습니다.
"그러면 저 여인이 누구이며, 왜 울고 있는지도 아시겠군요?"
"알다마다요."
할머니는 쉽게 대답하였습니다.
"저 여인은 허영의 나라에서 이곳에 온 지 얼마 되지 않은 처녀이지요.
그녀는 자기의 의사로 이곳에 온 것이 아니고 가족들이

이곳에 이주하자 할 수 없이 이곳에 온 것이기 때문에 이곳을 별로 좋아하지 않지요. 게다가 이 나라의 중요한 법들, 사랑과 섬김, 긍휼, 영혼에 대한 법도 아직 잘 이해하지 못하고 있답니다.
저 여인은 좋은 남자를 만나서 결혼하기를 원하지만, 아무도 그녀와 결혼하기를 원하지 않아요.
저 여인은 많은 돈을 가지고 있지만, 여기서는 돈이 많은 여자를 데려가려고 하는 남자가 없어요.
또, 저 여인은 허영의 나라에서 자신의 외모만을 가꾸었을 뿐, 자신의 마음, 영혼에 대해서는 전혀 가꾸지 않았기에 그녀의 영혼은 너무나 어리지요.
그래서 아무도 그녀의 외적인 아름다움에 관심을 가지지 않아요.
그녀는 자기의 고향에서 그렇게 인기가 있던 자신이 이 나라에서 이렇게 푸대접을 받자 너무 억울해서 날마다 이곳에서 울고 있는 거지요.
그녀는 고향으로 돌아가고 싶어 하지만, 갈 수 없는 어떤 사정이 있는가 봐요."

할머니의 말이 끝나기도 전에 청년은 다른 쪽 건너편 벤치에 깔끔하고 세련된 옷차림의 잘생긴 남자가 우울한 표정으로 시름에 잠겨있는 모습을 보았습니다. 그의 표정이 외모와 달리 너무나 처량했기에 청년은 할머니에게 다시 물었습니다.
"할머니, 저 사람은 왜 저렇게 비참한 표정을 짓고 있죠? 저 사람도 비슷한 이유인가요?"

할머니는 고개를 끄덕였습니다.
"그렇다우. 저분도 교만의 나라에서 이제 막 이곳에 들어왔지요.
그도 본의 아니게 이곳으로 들어왔는데, 그는 그 나라에서 아주 지위가 높은 분의 아들로서 아무 것도 부족한 것이 없이 살았답니다. 돈도, 명예도, 권세도, 다 마음껏 누리고 살았지요.
그러나 이곳에서는 어떤 처녀도 저 사람과 결혼하려고 하지 않습니다.
왜냐하면 그는 전혀 시련과 고통을 경험해보지 않았기 때문에 그의 영혼은 거의 발전하지 못했고 아직 미숙하기 때문에 그는 아직도 교만하고 남을 배려할 줄 모르며 이기적이기 때문이지요.
그는 다른 사람의 말을 들으려고도 하지 않는 답니다.
항상 자신이 이야기하고, 자신이 옳다고 생각하지요.
하지만, 저들도 여기 오래 있으면 처음에는 고통스럽겠지만, 차츰 겸손과 지혜를 배우게 될 것이고, 영혼이 발전하게 되며, 이 나라에 조금씩 적응을 할 수 있게 되겠지요."
청년은 할머니의 이야기를 주의 깊게 들었습니다.
이제는 그와 같은 이야기를 하도 많이 들었기 때문에 대충 그 내용을 이해할 수 있었습니다.
그러나 아직도 그 말들은 그에게 공감이 가기 어려운 부분이 있었습니다.
그는 아직도 미움의 나라의 사람이었던 것입니다.

그는 그 여인과 남자가 몹시 불쌍하게 느껴졌습니다.
그것은 또한 그 자신의 모습으로 보였기 때문이기도 했습니다. 청년은 할머니에게 인사를 하고 조용히 벤치에서 일어났습니다.
청년이 공원 밖으로 나가려고 하는데, 숲 속에서 작은, 소곤거리는 소리가 들렸습니다.
청년이 숲 속을 살펴보자, 작은 나무를 사이에 두고 낙엽을 깔고 앉은 두 남녀가 보였습니다.
아마 그들은 사랑을 속삭이고 있는 것 같았습니다.
젊은 남자가 말했습니다.
"온유양. 저는 당신을 사랑하고 있습니다. 당신과 결혼하고 싶어요. 허락해 주시겠습니까?"
처녀가 대답했습니다.

"친절씨. 당신은 너무 훌륭하신 분이세요. 하지만 저같이 부족한 여자가 당신의 아내가 될 수 있을까요?"
남자가 다시 대답했습니다.
"아닙니다, 온유양. 당신은 너무 아름답고 지혜로운 분입니다. 저야말로 너무나 부족하지요. 하지만 저는 당신과 함께 늙어가고 싶고, 평생 당신의 발을 씻겨드리고 싶습니다."

청년은 잠시 그 자리에 서서 그들의 낯간지러운 이야기를 듣고 있었습니다.
전 같으면 이러한 이야기를 들으면 닭살이 돋거나 구역질이 나왔겠지만, 이제는 이러한 분위기에 어느 정도 익숙해져서 그렇게 미쳐버릴 정도는 아니었고 그저 참을만 했습니다.
청년은 문득 고향이 그리워졌습니다. 고향에는 그의 여자 친구가 있었습니다.
그녀의 이름은 천방지축입니다.
숲 속에서 들려오는 남녀의 사랑의 대화를 들으면서 그는 그녀가 몹시 보고 싶어 졌습니다.
청년은 곧바로 그의 여인숙으로 왔습니다. 그리고 그의 짐을 꾸렸습니다.
잠시 후, 그는 고향을 향하여 출발했습니다.

20. 귀향

오랜 여정을 마치고 그는 고향에 도달하게 되었습니다.
저 멀리 '미움의 나라' 라고 쓰인 커다란 간판이 보이고 있었습니다.
거기서 살 때에는 느끼지 못했지만, 떠나있을 때의 고향은 얼마나 그리움의 대상이 되는지!
이제 고향이 가까워지자 청년은 눈물이 쏟아질 것만 같았고, 가슴에는 감동과 그리움이 물결치고 있었습니다.

그런데.. 이게 웬일일까요?
고향이 시작되는 그 나라의 경계선의 하늘 위에 어떤 희미한 검은 구름이 보이는 것이었습니다.
그것은 사람의 육안으로 볼 수 있는 것이 아닌 영적인 어두운 그림자였지만, 이상하게도 청년은 그것을 볼 수 있었습니다.
그것만이 아니었습니다.
고향의 경계선이 가까워질수록 청년의 영혼 깊은 곳에서 형용할 수 없는 불안과 두려움이 느껴지는 것이었습니다.

그 나라에 가까워질수록 그 불안감은 더욱 커졌습니다.
'이상하다. 내가 왜 이러지?'
청년은 의아해 하며 가까스로 경계선까지 들어왔습니다.

그곳에는 입국 심사관이 있었습니다.
청년이 그곳으로 들어서자, 검은 안경을 낀 심사관이 날카롭게 외쳤습니다.
"정지! 당신은 누구요? 어디에서 왔소?"
청년은 놀랐습니다. 그는 항의하듯이 말했습니다.
"심사관님! 저 강함이예요. 저를 모르세요? 여러 번 보셨잖아요?"

그러나 그는 믿지 않았습니다. 그는 날카롭고도, 사나운 목소리로 말했습니다.
"뭐라고? 당신이 강함이라고? 무슨 소리하고 있는 거야? 강함은 내가 잘 알아.
당신은 강함이 아니야. 당신은 얼굴도, 말투도, 이 나라 사람과 틀려. 당신, 스파이지?"
청년은 기가 막혔습니다.
"심사관님, 이 나라에서 저를 모르는 사람도 있나요? 제가 강함이 맞아요.

저는 어릴 때부터 유명했지요. 초등학교에서 바보들 왕따 시키기 대회에서 1등을 했고, 중학교에서는 장애자 괴롭히기 대회에서 역시 우승했지요. 고등학교 다닐 때도 쉬지 않고 욕하기 대회에서도 대상을 받았습니다. 그렇게 유명한 저를 모르신다구요?"
심사관은 고개를 갸웃거렸습니다.
그는 청년에게서 신분증을 받아 컴퓨터에 입력시켰습니다. 이 나라는 첨단과학이 발달되었기 때문에 모든 사람에 대한 모든 자료를 손쉽게 검색할 수 있습니다.

그렇습니다. 그것이 사랑의 나라와의 차이점이었습니다.
사랑의 나라에서는 오직 대화와 친밀감, 관계를 통하여 서로를 알았지만 이곳에서는 정보의 발달로 기계를 다룰 수 있는 약간의 기술만 있으면 모든 사람을 분석하고 파악할 수 있었습니다.
심사관은 자료를 확인하고 나서, 청년에게 가까이 와서 얼굴을 확인해 보더니 혼잣말로 중얼거렸습니다.
'흠, 얼굴이 조금 바뀐 것 같기는 하지만, 본인이 맞기는 맞는 것 같군.'
비로소 심사관은 약간 웃음을 띠었습니다.
그는 입국 심사관을 나와 집으로 향했습니다.

21. 집으로

집을 향하여 거리를 걸어가면서 그는 깜짝 놀랐습니다.
사람들의 표정은 모두 다 몹시 굳어있었고, 사나와 보였습니다. 마치 화가 나 있는 듯이 보였습니다. 어쩌다가 눈이 마주치면 어색하게 피하거나 날카롭게 쏘아보기도 했습니다.
지나가다 몸이 부딪혀도 미소를 짓거나 인사를 하는 사람은 찾아볼 수 없었습니다. 모두 다 바쁘고 급하게 쫓긴 듯 휭하고 갈 뿐이었습니다.
거리에서는 자동차가 날카롭게 '빵빵!' 하고 경적을 울렸습니다.

그는 사랑의 나라의 거리에서 느꼈던 여유와 평화로움을 상기하여 보았습니다.
그들은 모두 천천히 걸었고, 눈이 마주치면 빙그레 웃어주었습니다.
그러나 이 나라 사람들은 너무나 대조적으로 긴장되어 있었던 것입니다.
청년은 중얼거렸습니다.

'맙소사, 내가 이런 나라에서 살았었나?'
마침내 그는 집에 도착했습니다.
이 나라에 입국하면서부터 느꼈던 불안감은 점점 증폭되었지만, 그는 애써 그것을 무시하고 있었습니다.
그는 어머니의 이름을 부르며 초인종을 눌렀습니다.
그녀의 이름은 '사치'였습니다.
"어머니! 제가 왔어요! 여행을 갔다가 강함이가 돌아왔어요. 문 열어 주세요!"

잠시 후 어머니가 나왔습니다. 그러나 별로 반가운 기색도 없이 이상하다는 듯 그를 쳐다보았습니다.
"네가 강함이라고? 이상하다. 얼굴이 많이 변했구나. 아무튼 고생 많이 했다. 어서 들어오너라."
그는 집에 돌아왔으나 이상하게도 집은 별로 편안하지도, 따뜻하지도 않았습니다.
그는 어머니를 포옹하려고 하였으나 어머니가 그를 밀쳐 버렸습니다.
"얘가, 왜 이러니, 징그럽게.. 그런데 너 뭐, 선물을 사온 것은 없니?"
그는 아차 싶었습니다. 그 동안 여러 가지의 상황으로 마음이 복잡해져서 선물을 사오는 것을 잊어버렸던 것입니다.

"죄송해요, 어머니. 제가 그만 바쁘다보니 선물을 사오는 것을 잊어버렸나 봐요."
사치부인은 표정이 눈에 띄게 쌀쌀해 졌습니다.
"괜찮다. 바쁘다보면 그럴 수도 있지. 어서 목욕하고 쉬거라."
그녀는 자기의 방으로 들어가 버렸습니다.
그는 하고 싶은 말이 아주 많았으나 할 사람이 없었습니다. 여동생을 찾았으나 그녀도 어디론가 나가고 없었습니다. 저녁때 아버지가 들어왔으나 그를 힐끗 보고는 그의 방으로 들어가 버렸습니다.
아버지의 이름은 '무관심' 이었습니다.

그는 친구들에게 일일이 전화했습니다. 그러나 여자친구 천방지축도 집에 없었고, 다른 친구들도 집에 있는 사람은 거의 없었습니다.
겨우 한 명이 전화를 받았으나 그도 바빠서 나올 수가 없었습니다. 그는 심히 외로웠습니다.
사랑의 나라에서는 어디서든지 함께 이야기할 사람이 있었고, 모든 곳에서 그를 환영했던 것입니다.
그러나 이곳에서 그는 진정 혼자였습니다.
고향에 돌아왔어도, 그는 안식을 얻지 못했습니다.
외로움과 피곤에 지쳐서 헤매다 그는 잠이 들었습니다.

22. 에너지의 흐름

다음날 아침 청년은 소음 때문에 잠이 깨었습니다. 사랑의 나라에서는 소음이 거의 들리지 않았습니다. 기계음이나 요란한 소리들이 거의 없었습니다. 들리는 것은 시냇물이 흐르는 소리, 새들의 지저귀는 소리 등의 자연적인 소리 뿐 이었고, 사람들은 걸음도 아주 조용조용히 걸었으며, 말소리도 마치 물이 흐르듯이 잔잔한 소리뿐이었습니다.

그러나 이 나라에서는 시끄러운 소음이 무척 많았고, 여자들의 목소리는 날카롭고 뾰족했으며, 남자들의 목소리는 거칠고 둔탁했습니다. 사람들은 소리를 많이 질렀습니다.

사랑의 나라의 사람들은 울어도 조용히 부드럽게 흐느낄 뿐, 소리를 지르는 사람은 없었습니다. 그러나 이곳의 사람들은 아이들도 악을 쓰며 울었고, 어른들도 소리를 지르며 울었습니다.

청년이 잠을 깬 것은 이웃집의 요란한 소리 때문이었습니다. 이웃집의 어머니가 그녀의 아들을 마구 야단치고 있었던 것입니다. 그녀는 큰소리로 외치고 있었습니다.
"이 바보 같은 놈아! 사내 녀석이 밖에서 맞고 와? 그리고 울고 있어?"
남자 아이는 큰소리로 울고 있었습니다.
"힘이 없으면 돌이라도 던져야 할 것 아니야! 너 평생 남에게 당하고 살고 싶어?
너, 한번만 더 맞고 들어오면 집에서 쫓겨날 줄 알아!"
그녀가 소리를 지르고 아이가 악을 쓰며 우는 동안 청년은 그들의 입으로부터 악하고 나쁜 기운이 흘러나오는 것을 느꼈습니다. 청년은 그 때문에 그의 영혼이 몹시 고통스러워하는 것을 느낄 수 있었습니다.

청년은 다시 사랑의 나라를 생각해 보았습니다. 그 나라에서는 자녀를 가르칠 때 남에게 지지 말고 이기라고 경쟁을 가르치는 것이 아니라 다른 이들의 유익을 구하며 양보하고 희생하고 섬기라고 가르칩니다.
모두가 서로 싸우고 이기려고 할 때 거기에는 지옥적인 에너지의 흐름이 있으며 그것은 자기에게 유리해 보이지만 결국 모든 사람을 함께 죽이게 되고 영혼의 흐름을 망치게 되기 때문입니다.
그 나라에서 자녀들에게 우선적으로 가르치는 것은 영혼의 발전을 추구하며 영혼의 흐름을 따라 살도록 하는 것입니다. 그 나라에서는 어느 정도의 영적 발전이 평균적으로 이루어져 있기 때문에 다른 사람을 해롭게 하거나 때리는 사람도 없을 뿐더러 설사 자기의 아이가 맞고 들어온 다고해도 저렇게 야단치는 부모는 없다는 것을 청년은 잘 알고 있었기 때문입니다.
그런 일이 있었다면 그들은 아마 아들을 안아주며 이렇게 말했을 것입니다.

"사랑하는 아들아, 맞고 왔다고? 세상에, 불쌍해라. 얼마나 많이 아팠니. 하지만, 나의 귀한 아들아. 기억하거라. 우리의 주님도 그와 같이 많이 맞으셨단다.
아무런 잘못도 없이 우리를 위해서 그토록 많이 맞으셨단다. 우리는 죄가 많고, 실수도 많은 사람들이지. 그래서 가끔 맞는 일이 있어도 별로 억울할 게 없지. 하지만 주님은 아무 죄도 없이 고통을 겪으셨단다. 그리고 그들을 용서하셨단다.
그러니 너도 너를 때린 사람들을 용서해야 한단다.
그 미움과 억울한 생각이 네 마음속에 들어가게 해서는 안 된단다. 그러면 너는 그 생각에 사로잡히게 되고 미움의 영혼, 억울함의 영혼이 되어 주님의 영이 네 속에 거하실 수 없게 된단다.
자. 이제 내일 어떻게 그를 사랑해야 하는지, 그가 너를

때린 이유가 무엇인지, 하나님께서 이것을 허락하신 이유가 무엇인지 생각해 보자꾸나."
그들은 아마 이렇게 아들을 위로하며 좋은 가르침의 기회로 삼았을 것입니다.

잠시 상념에 잠겨있던 청년은 다시 현실의 세계로 돌아왔습니다.
청년은 일어나 목욕을 하기 위해 욕실로 들어갔습니다.
그리고 거울에 비친 자기의 얼굴을 보고 깜짝 놀랐습니다. 청년의 용모는 그 전에 비해서 너무나 많이 변화되어 있었던 것입니다.

그 전에 그의 얼굴은 냉정하고, 강퍅하며, 빈정거리는 듯한, 교만한 표정이 가득한 모습이었습니다.
그런데 지금 그의 모습은 부드럽고, 잔잔하며, 사랑과 긍휼의 분위기가 넘치는, 너무도 달라진 모습이었던 것입니다.
이 미움의 나라에서 살기에는 너무나 어려운 영혼의 상태가 자신도 모르게 청년에게 형성되어 있었던 것입니다.
그는 사람들이 자기를 잘 알아보지 못했던 이유를 이제야 알 수 있었습니다.

그러한 변화된 지금의 얼굴이 사랑의 나라에서는 평범한 얼굴이었습니다. 그래서 그는 자신의 변화를 그곳에서는 잘 느끼지 못했던 것입니다.
그러나 이 미움의 나라에서는 그의 얼굴은 가는 곳마다 특이한 얼굴로 드러나게 되어 이방인 취급을 받을 것은 너무나도 뻔한 일이었습니다.

그가 고향에 돌아와서 느낀 또 하나의 변화는, 그가 사람의 마음을 읽을 수 있게 되었다는 것이었습니다.
정확하게 사람들의 속마음을 속속들이 알 수 있는 것은 아니었지만, 그는 사람들이 말할 때 그 속에서 움직이는 에너지의 정체를 느낄 수 있었습니다.
어떤 사람이 말할 때는 분노의 에너지가, 또 다른 사람에게서는 거짓과 교활함의 에너지가, 다른 사람에게서는 정욕과 욕망의 에너지가 움직이는 것을 그는 알 수 있었습니다.

사랑의 나라에서 그는 사람들이 자기의 마음을 읽고 있다는 것을 어렴풋이 느낀 적이 있었습니다.
식당에서 만난 50대의 아저씨도, 청소부 출신의 목사님도 그의 마음을 들여다보는 것 같이 느껴졌습니다. 그들은 조용히 그를 쳐다보았을 뿐이지만, 그는 자기의 영혼이 마치 관통되는 것 같은 두려움을 느꼈고, 왠지 얼굴이 화끈거렸던 것입니다.
이제는 그도 사람의 마음을 느끼고 알 것 같았습니다.
그는 이제 영혼이 어릴수록 눈치가 없고 이기적이며 다른 사람의 마음을 느끼지 못하지만, 영혼이 진보될수록 점차로 쉽게 다른 사람의 마음을 알고, 느낄 수 있다는 사실을 깨닫게 된 것입니다.
영혼이 어린 사람은 육체와 본능, 자신에 대한 감각, 겉사람의 감각만 발달되어 있어서 다른 사람의 영혼을 느끼지 못하므로 남의 고통과 슬픔에 대해서 관심이 없습니다.
그러나 영혼이 발달하게 되면 다른 사람의 영혼을 느끼며 다른 사람의 고통과 아픔을 돌보아 주고 그들을 섬기는 것에 기쁨을 느끼게 됩니다.

그래서 성장한 영혼일수록 자신의 행복을 추구하는 것보다 타인의 행복을 추구하게 되는 것입니다. 그것이 바로 천국의 상태입니다.
영혼이 성장할수록 결국 인간은 영혼의 세계에서 하나임을 알게 되며 사람을 섬길 수 있는 수준이 되는 것입니다.
청년은 아직도 멀기는 했지만, 이제 영혼의 눈이 뜨여가고 있는 것을 조금씩 경험하고 있는 중이었던 것입니다.
청년은 사람들이 생각하고, 말하고, 움직일 때 그들의 속에 있는 에너지들이 밖으로 흘러나오고 활동하는 것을 느꼈으며 그 에너지들이 이 사회, 나라의 전체에 흘러들어 가고 있는 것을 보았습니다.

그리고 그 에너지들은 또한 어떤 인격적인 힘을 가지고 그 배후에서 흘러나와 이 사회에 영향력을 행사하는 것을 그는 느낄 수 있었습니다.
그러한 에너지는 비슷한 성격의 에너지를 가지고 있는 사람에게는 기쁨이 되지만, 반대 성격의 에너지를 가지고 있는 사람에게는 고통이 되는 것이라는 사실을 청년은 알 수 있었습니다.
이제 청년의 영혼 속에 사랑 에너지와 부드러움의 에너지가 어느 정도 자리를 잡았기 때문에, 청년은 이 사회에 가득한 분노 에너지, 미움 에너지, 공격의 에너지가 그에게 고통이 된다는 것을 깨달을 수 있었습니다.

청년은 에너지의 원리를 느끼게 되자, 사람이 겉으로 드러내는 마음 에너지와, 진정한 속마음에서 나오는 영혼 에너지의 차이점을 알게 되었습니다.
그리고 사람들이 겉으로 말하는 것과 진정한 속의 생각

이 다를 때가 많다는 것도 알게 되었습니다. 사람들은 속에는 이기심과 거짓으로 가득 차 있지만, 입으로는 종교적인 말을 하고 선의의 말을 합니다. 그러나 이것은 영혼의 움직임을 혼란스럽게 하는 것이라는 사실도 이제 그는 알게 되었습니다.

그리고 이와 같이 겉의 에너지와 속의 에너지가 일치하지 않을 때 점점 더 속의 영혼은 고통스럽게 되고 순수한 에너지는 소멸되어 가며 영혼의 진보는 멈추게 되고 겉 사람, 육체의 노예가 된다는 것도 깨닫게 되었습니다.

청년은 문득 자신은 이미 이 나라에서 살 수 없는 존재가 되었음을 느끼게 되었습니다.
그는 이미 자신도 모르게 많은 에너지의 전환이 이루어졌던 것입니다.
청년은 계속 전화를 하여 간신히 그의 여자 친구 천방지축과 통화를 할 수 있었습니다.
천방지축은 여전히 깔깔거리며 그와 저녁 시간에 만나기로 약속을 하였습니다.
저녁까지 남는 시간이 무료하여 청년은 TV를 켰습니다.
이상하게도 편하게 앉아서 리모컨으로 TV를 켜는 것이 너무 재미없는 일이라는 생각이 들었습니다.

기독교 TV를 틀어보니 유명한 목사님이 큰 교회당을 배경으로 설교를 하고 있었습니다.
청년은 예배와 설교에서 흘러나오는 에너지를 느끼면서 깜짝 놀랐습니다.
날카롭고 경직된 얼굴, 거칠고 웅변적인 음성, 작위적인 목소리 등 그에게서 흘러나오는 영적 에너지는 바깥에서 움직이고 있는 에너지의 흐름과 별반 차이가 없었기 때문입니다.

찬송을 부른 성가대원들의 모습이나 청중들의 모습도 별로 다를 바가 없었습니다.
그들 모두가 굳어 있고 삶에 찌들려 있었으며 이기심과 욕망으로 가득 차 있는 모습이었습니다.
사랑의 나라에서 볼 수 있는 따뜻함과 자연스러움과 부드러움은 조금도 느낄 수가 없었습니다.

청년은 우울한 마음으로 TV를 껐습니다. 그는 불현듯 그 나라의 교회가 그리워졌습니다.
끝없이 자연스럽게 화음으로 어우러지던 찬양들, 어린 아이들의 웃음소리, 아무에게도 거침없이 자연스럽게 미소를 짓던 사람들, 목사님의 천진난만한 웃음과 장난, 그 모든 것들이 그는 그리워졌습니다.

23. 그리움

저녁이 되어 그는 천방지축을 만났습니다.
그는 몹시 그녀가 반가웠습니다. 그는 부드럽게 말했습니다.
"천방지축, 잘 있었어? 네가 몹시 보고 싶었단다."
그녀는 거칠게 웃으며 그를 밀쳤습니다.
"얘가 닭살이 돋게 왜 분위기는 잡고 난리야? 얼굴도 이상해져 가지구. 너 정말, 강함이 맞아? 하여튼 웃기지 말고 우리, 술이나 마시러 가자."

뒤로 밀쳐지면서 그는 자신과 그녀 사이에 이미 어떤 벽이 있다는 것을 깨달았습니다.
그는 섬세하고 아름다운 행복이의 모습을 떠올렸습니다.
갑자기 그녀가 몹시 보고 싶었습니다.
그녀는 지금 무엇을 하고 있을까요? 그가 아무 말 없이 떠나버렸기 때문에 그녀는 몹시 슬퍼할지도 모릅니다. 아니면 화가 나 있을지도 모릅니다.
아니, 아닙니다. 그녀는 결코 화를 내지 않습니다. 설사 그가 잘못했더라도 그녀는 반드시 그를 용서해줄 것입니다. 그가 그녀에게 보고 싶다고, 사랑한다고 말한다면, 그녀는 과연 어떻게 대답할까요?
갑자기 그에게 공원의 숲 속에서 보았던 남녀의 생각이 떠올랐습니다. 그는 엉겁결에 말했습니다.
"천방지축아, 너 나와 결혼하고 싶은 생각은 없니?"

그녀는 갑자기 눈을 크게 치켜뜨더니 주먹으로 그를 두들겨 팼습니다.
"너 미쳤니? 한동안 안 보이더니 정신이 이상해졌구나?"
그러면서 그녀는 큰소리로 깔깔깔 웃었습니다.
"너 돈 많아? 너 돈 많이 벌었니? 아파트 있어? 고급 승용차 있어? 너 나를 행복하게 해 줄 수 있어? 쓸데없는 헛소리하지 말고 오늘 밤 신나게 춤이나 추고 놀자. 돈 많이 벌어오면 결혼해 줄게."
청년은 그녀와 더 이상 같이 있고 싶지 않았습니다. 그는 얼마 버티지 못하고 몸이 아프다고 핑계를 대고는 곧장 집으로 돌아왔습니다.

그는 이제 알고 있었습니다. 그는 이미 이 나라의 사람이 아니라는 것을.

그는 이제 더 이상 이곳에서 살 수 없었습니다. 그는 이제 떠나야만 했습니다.
그는 행복이가 보고 싶었습니다. 그녀의 부모님도, 동생 우정이도, 미소도 보고 싶었습니다.
그는 길거리에서 우연히 스쳤던 사람들도, 가게 주인아저씨들도, 식당에서 만난 아저씨도, 교회의 목사님도, 교인들도 모두 다 보고 싶었습니다.

이미 밤이 깊었습니다. 그는 일단 잠을 자고, 이 밤이 지나면 아침에 그의 새로운 고향, 사랑의 나라로 떠나기로 결정하였습니다.
그는 잠자리에 들었습니다.

24. 새로운 고향을 향하여

청년은 그날 밤, 무서운 꿈을 꾸었습니다.
그가 미움의 나라의 경계선까지 와서 막 통과하려고 하는데, 왠지 마음이 불안하고 기분이 좋지 않았습니다.
그는 내적인 마음의 지시를 따라 몸을 숨기고, 살금살금 걸어서 출국 심사관의 뒤쪽으로 걸어갔습니다.
그는 문 틈 사이로 난 구멍을 통해 혹시 무슨 일이라도 있는지 살펴보았습니다.
그 안을 들여다보니, 보기에도 무시무시한 모양의 회색 괴물의 그림자가 작은 어두움의 그림자들에게 무언가를 지시하고 있는 것이었습니다.

청년은 그들의 이야기를 듣기 위해서 귀에 온 신경을 집중하였습니다.
"조심하거라, 알겠지!"
회색 괴물의 그림자가 말했습니다.
"'그' 강함' 이라는 놈이 아무래도 수상하다. 어디서 물을 먹었는지, 그놈이 이 나라의 에너지의 흐름을 알고 있는 것 같다는 말이야!

아마 오늘 그놈이 이곳을 빠져나가려고 할지 모른다. 알았나? 너희들은 결코 그놈을 놓쳐서는 안 된다. 그놈이 오게 되면 어떠한 이유를 붙여서라도 체포해라. 그 다음은 내가 알아서 처리를 하겠다. 꼭, 잊지 말도록!"
청년은 두려움으로 인하여 온 몸이 마비되는 것 같았습니다.
그 다음 순간, 그는 회색 괴물의 번득거리는 눈과 마주쳐버리고 말았습니다.
"아니? 저 놈이 저기 숨어 있었구나! 얘들아, 어서 저놈을 잡아라. 어서!"
청년은 소스라쳐 놀라며 꿈에서 깨어 일어났습니다.

마음이 몹시 불안했습니다. 솔직히 그는 두려웠습니다.
청년의 이름은 '강함'이었고 이름처럼 그는 강한 사람이었습니다.
그러나 그의 강함은 어두움의 나라에서 오는 에너지였고, 이제 그가 이 나라를 버리려고 하기 때문에 그 강함의 에너지는 전혀 그에게 힘을 줄 수 없었습니다.
그는 사랑의 나라에서 새로운 강건한 에너지를 얻어야 하는데, 아직 그런 에너지를 받지는 못했던 것입니다.
그는 자리에서 일어나 무릎을 꿇었습니다. 그리고 기도하기 시작했습니다.

'사랑의 나라의 하나님, 저를 도와주십시오. 저는 지금 당신의 나라로 가려고 합니다.
그러나 지금 왠지 제 마음이 불안합니다. 무엇인가 저를 그 나라로 가지 못하도록 방해하는 세력이 있는 것 같이 느껴집니다.
하나님, 당신의 능력으로 저를 보호해 주시고, 저를 누르고 공격하는 모든 악한 에너지들을 흩어 주시옵소서."

그는 아직 잘 기도할 줄은 몰랐습니다. 에너지의 흐름을 잘 분별하고 효과적으로 제어하는 법도 잘 몰랐습니다. 감사와 찬양이 이런 경우에 큰 힘이 된다는 사실도 잘 몰랐습니다.
그러나 기도를 마치자 그는 다시 마음이 편안해지고, 모든 것이 다 잘 될 것 같은 느낌이 들었습니다.

25. 영계의 싸움

그는 별 어려움 없이 미움의 나라의 경계에 도착하여 출국 심사관까지 왔습니다.
출국 심사관의 건물을 보자, 그는 다시 꿈이 떠올라서 두려워졌지만, 간단하게 기도를 드린 후에 그는 그곳으로 들어갔습니다.

인상이 험악하게 생긴 심사관이 그를 발견하고, 그의 서류를 조사한 후에 여행 목적지, 여행의 이유, 등을 꼬치꼬치 캐물었습니다.
청년은 몹시 마음이 떨렸으나, 별 문제없이 그는 심사대를 통과하였습니다.
청년은 기쁜 마음으로 심사관을 나왔습니다. 이제 불과 몇 미터만 걸어가면, 그는 이 미움의 나라, 흑암의 나라를 벗어나게 되는 것입니다.

그가 경계선을 막 통과하려고 하는데 뒤에서 그를 부르는 소리가 들렸습니다.
"강함씨!"

그는 뒤를 돌아다보았습니다. 이게 웬일일까요. 그의 앞에는 '유혹'이 서 있었습니다.
그녀는 한때 깊은 사랑에 빠졌던 여인이었습니다. 그녀는 매우 요염하고, 아름다운 여인이었으며, 청년은 그녀를 기쁘게 하기 위해서라면 무엇이라도 했을 것입니다. 그러나 그녀는 청년을 발로차고, 더 멋진 남자를 만나겠다고 떠나버렸던 것입니다. 그런데 그녀가 왜 지금 이곳에 나타났을까요?

그녀는 예전보다 훨씬 더 아름다운 모습으로 서 있었습니다. 그녀는 매혹적인 웃음을 흘리며 그에게 말을 건넸습니다.
"강함씨, 이 나라를 떠난다고요? 얘기 들었어요. 그게 정말인가요?
나도 버리고, 모든 즐거움도 다 버리고, 아주 고리타분한 곳으로 간다던데, 정말인가요?"

청년은 조금 기가 죽어서 대답했습니다.
"유혹양, 오랜만이오. 당신은 언제나 여전히 아름답군요. 하지만 나는 이곳을 떠나기로 결정했소. 이곳은 더 이상 나에게 맞지 않아요."
빈정거리는 듯한 미소를 지으며 그녀가 말했습니다.

"그래요? 당신이 떠난다고? 인생에 얼마나 많은 즐거움들이 있는데? 이렇게 짧은 인생을, 모든 행복을 던져버리고, 수도승처럼 살겠다고?"
그렇게 말하며 그녀는 깔깔 웃었습니다.
청년은 다시 어지럽고, 혼란스러워졌습니다. 무엇이 옳은 길인지 그는 갈피를 잡을 수가 없었습니다.

다시 그를 부르는 소리가 들렸습니다.
"강함!"
그가 쳐다보니 그와 몹시 절친하게 보냈던 친구 '조롱'이 서 있었습니다.
그는 독설가였습니다. 그의 혀는 무엇이든 잡히기만 하면 자르고, 찌르고, 부숴 버렸습니다.
그는 항상 비판하고, 비아냥거리고 천재적인 논리능력과 냉철함으로 비웃음을 던지고, 세상과 인생을 조롱했습니다. 그의 예리한 말들은 얼마나 사람들에게 후련함과 통쾌함을 주었는지요.
한때 청년은 그와 함께 인생을 비웃고, 조롱하며, 탕진해 갔었던 것입니다.

그 옆에 있는 사람은 유혹과 조롱뿐만이 아니었습니다.
그들의 옆에는 방탕, 음란, 시기, 탐욕, 수많은 사람들,

수많은 영들이 모여 있었습니다. 그들은 춤을 추며, 웃으며, 유혹하며 한결같이 외치고 있었습니다.
"강함! 네가 여기를 떠난다고? 바보 같은 소리하지 마, 너는 결코 여기를 떠나서 행복할 수 없어. 이곳은 네 고향이야. 이곳은 너의 천국이야. 무엇이든 즐길 수 있어. 무엇이든지.."

청년은 손으로 머리를 감싸 쥔 채 주저앉았습니다. 그는 고통스러웠습니다.
그는 너무 힘들었습니다. 그는 너무나 혼란스러웠습니다. 그는 미칠 것만 같았습니다.
그에게 유혹의 춤추는 모습이 보였습니다. 동시에 행복이의 모습이 보였습니다.
그녀는 말하고 있었습니다. '강함씨, 어서 오세요..'

술잔을 들고 있는 방탕의 모습이 보였습니다. 동시에 식당에서 만난 50대 남자의 이야기가 들려왔습니다.
'청년, 어서 이 나라로 귀화하시오. 당신은 그곳에서는 결코 행복할 수 없소.'
청년의 머리는 깨질 것 같이 아팠고, 그의 심장은 터질 듯이 뛰고 있었습니다.
청년은 아주 오랫동안 그 자리에 주저앉아 있었습니다.

얼마나 시간이 흘렀을까요, 갑자기 청년의 마음속에 하나의 청량한 기운, 정결한 에너지가 흘러 들어왔습니다. 그 에너지 속에서 이런 메시지가 떠올랐습니다.

풀은 마르고
꽃은 시드나
우리 하나님의 말씀은
영원히 서리라
(이사야 40:8)

그것은 성경에 있는 말씀이었으나 그는 그 말씀이 어디로부터 왔는지, 어디에 있는 것인지 알 수가 없었습니다.
그러나 무언가 그 말씀은 그를 새롭고, 신선하게 하는 에너지를 갖고 있었습니다.
그는 생각했습니다.
'그렇다. 풀은 마르고 꽃은 시든다. 육체는 풀과 꽃과 같다. 그 정욕과 기쁨은 순간의 만족에 지나지 않는다. 그러나 하나님의 말씀은 영원한 것, 영혼이 말씀을 먹으면 진보하게 되고 영원하게 되어 영광에 이르는 것이다. 내가 왜 유혹, 조롱, 방탕과 같은 것들에게 속았단 말인가!

그는 눈을 뜨고 일어났습니다.
그의 주위에는 아무도 없었습니다.
그가 보고 들었던 모든 것들은, 그의 마음속에서 일어난 영계의 전쟁이었던 것입니다.
그는 행복한 마음으로 미움의 나라의 국경선을 넘었습니다.

26. 입국

청년은 최대한 빠른 속도로 길을 재촉하여 사랑의 나라에 도착했습니다.
사랑의 나라의 입구에 걸린 간판을 보자 그는 반가움으로, 행복감으로 눈물이 떨어졌습니다.

〈사랑의 나라〉
'누구든지 이 나라를 방문하고 싶은 분들은 아무나 오실 수 있습니다. 우리는 어느 분이든지 환영합니다.'

그렇습니다. 어떤 것이든, 그것이 진정 귀한 것이고, 가치를 측량할 수 없이 귀한 것이라면, 그것은 그 가치를 알고 추구하는 사람들에게는 어느 누구에게나 제공되어야 하는 것입니다.

그는 입국 심사관으로 들어갔습니다.
관리인이 웃음을 띠고 나와서 그를 맞아주었습니다.
"안녕하시오, 청년. 우리는 자주 만나는군요."
청년은 그에게 말했습니다.

"관리인님, 저는 이곳에 여행을 하러 온 것이 아닙니다. 아주 이곳에서 살려고 왔습니다. 괜찮겠습니까? 이곳에서는 누구의 허락을 받아야 되나요?"
그는 활짝 웃었습니다.
"오, 그래요! 반갑군요. 여기에는 아무의 허락도 필요하지 않습니다. 그저 본인이 사랑하면서 살기 원한다면, 영혼의 성장을 원한다면, 누구든지 들어와서 살 수 있지요."

관리인은 청년을 힘차게 포옹했습니다. 그리고 말했습니다.
"이제 가보시오. 청년. 아마 가고 싶은 곳이 많이 있는 것 같군요."
정말 그랬습니다. 청년은 가고 싶은 곳이 많았습니다. 이제 그는 밖으로 나와 마구 달려가고 있었습니다.

27. 재회

청년은 가고 싶은 곳이 많았습니다. 이 나라에서 만났던 모든 사람들이 다시 보고 싶었습니다. 그와 대화했던 모든 사람들과 다시 대화하고 싶었습니다.
이 나라에 있는 것이라면, 풀 한 포기도, 꽃 한 송이도, 그에게는 감격적인 것이었습니다.
그러나 그가 지금 가장 보고 싶은 단 한사람은 바로 행복이었습니다.
그녀에 대한 그리움과 사랑이 그를 이곳으로 오게 했던 가장 큰 힘이었던 것입니다.

그는 힘차게 달려가고 있었습니다.
사람들은 마구 달려가는 그를 보고 웃었습니다. 그들은 왜 웃을까요?
이곳에서는 여간해서는 뛰어가는 사람이 없습니다. 항상, 조용하고 자연스럽게 걷습니다. 그러므로 이렇게 급하게 뛰는 사람을 보면 몹시 놀랄 것입니다.
그러나 그들은 놀라는 대신에 웃음을 터뜨렸습니다.
그것은 청년의 머리 위에 뿌옇게 맴돌고 있는 사랑의 에너지, 그리움의 에너지를 그들이 읽을 수 있었기 때문입니다. 그들은 이 청년이 사랑에 빠져 사랑하는 사람을 만나기 위하여 전력질주하고 있다는 것을 눈치 채고 즐거운 미소를 떠올렸던 것입니다.

청년은 행복이의 집까지 순식간에 달려왔습니다.
그는 떨리는 음성으로 그녀의 이름을 불렀습니다.
"행복씨!"
거의 동시에 그녀와 가족들이 밖으로 뛰어 나왔습니다.
행복이가 청년을 불렀습니다.
"강함씨!"
그녀는 울음을 터뜨렸습니다. 그녀는 흐느끼면서 말했습니다.
"보고 싶었어요. 그렇게 그냥 가버리시면 어떡해요."
청년도 대답했습니다.
"미안하오. 나도 행복씨가 보고 싶어 견딜 수가 없어서 이렇게 달려왔소."
우정이도, 미소도, 그에게 달라붙었습니다.
"형!"
"오빠!"
청년은 그들도 한 번씩 안아주고, 행복의 부모에게도 인사를 드렸습니다.

아직 상기된 얼굴로 행복이 청년에게 물었습니다.
"혹시, 며칠 전에 어려운 일을 겪지 않으셨나요?"
청년은 고개를 갸웃거렸습니다. 그녀의 말이 무엇을 의미하는 것인지 잘 알 수 없었기 때문입니다.
그녀는 말을 계속했습니다.

"며칠 전 오후에 강함씨의 생각을 하고 있었는데, 갑자기 어떤 검은 구름이 강함씨를 덮고 있는 것을 느꼈어요.
그래서 저는 놀라서 기도를 드렸지요. 그러나 저의 영력에 비해 그 어두움의 힘이 너무나 강했기 때문에 저는 가슴이 답답해서 견딜 수가 없었어요.
그래서 우리 가족 모두에게 같이 기도를 하자고 요청했지요.
그런데 같이 한참 기도하고 있을 때, 아빠가 성경을 꺼내셨어요. 그러더니 이사야 40장 8절의 말씀을 읽으셨어요.
'풀은 마르고 꽃은 시드나 우리 하나님의 말씀은 영원히 서리라' 는 말씀이었지요.
우리는 다 같이 그 말씀을 소리 내어 읽고, 찬양을 불렀지요. 그리고는 마음이 평안해져서 기도회를 마쳤어요.
말씀해보세요, 당신에게 무슨 어려움이 있었지요?"

청년은 몹시 놀라고 고마워하며 자기의 꿈과 겪었던 일들을 이야기해 주었습니다.
그들 모두는 서로 감사하며 기뻐했습니다.
얼마의 시간이 흐르고 청년은 그녀에게 조용히 할 말이 있다고 말했습니다. 그녀는 웃으며 그를 자신의 방으로 인도했습니다.

청년은 마음속으로 수없이 연습했던, 공원에서 배웠던 말을 그녀에게 했습니다.
"행복씨. 나는 당신을 너무나 사랑하고 있습니다. 당신 없이는 잠시도 살 수 없을 것 같아요. 당신과 결혼해서 함께 늙어가고, 평생 동안 당신의 발을 씻겨주고 싶은데 허락해 주시겠어요?"

그녀는 얼굴이 빨갛게 되었습니다.
"강함씨. 당신은 너무나 멋지고, 훌륭한 분이세요. 하지만, 저 같이 부족한 여자가 당신을 잘 섬길 수 있을까요?"
예전 같으면 정말 어색하고 불편하게 느꼈을 말들이 이제 청년에게는 너무나 감격적으로 다가오고 있었습니다.

청년은 행복감으로 가슴이 벅차오르는 것을 느끼면서 간신히 말을 이었습니다.
"행복씨. 저야말로 너무나 부족한 사람입니다. 아시는 바와 같이 나의 고향은 미움의 나라이고, 저는 그곳에서 태어나서 자랐고, 지금까지 살아왔습니다.
저는 여태껏 육체와 물질 중심으로 살았으며 남을 돌볼 줄 몰랐고, 영혼의 발전이 뭔지도 모르고 살았지요.
이와 같은 나를 사랑의 나라에서 받아주고 당신이 나를 사랑해주니 얼마나 행복한지 말로 표현할 수가 없을 지경입니다.
나도 당신과 결혼하여 행복한 가정을 만들고, 영적인 진보도 이루어가고 싶습니다.
저의 이름도 이제는 강함이 아니고 부드러움으로 바꾸고 싶군요. 진정한 강함은 외적인 강함이 아니라 내면의 강함이며, 부드러움을 통해서 이루어질 수 있다고 깨달았기 때문이죠. 하지만.."

청년은 말을 멈추었습니다.
"저와 같이 부족한 사람을 행복씨의 부모님이 사위로서 받아 주실까요?"
그 순간 문이 쾅! 소리를 내며 열렸습니다.
그리고 행복의 아버지, 어머니, 우정이, 미소, 모두가 함께 박수를 치면서 외치기 시작했습니다.
"우리 모두 두 사람의 결혼을 축하합니다!"
청년은 아무 말 없이 조용히 눈물을 흘리고 있었습니다.

잠시 후 행복의 아버지가 말했습니다.
"부족한 우리 딸을 사랑해 주어서 고맙네. 이제부터는 결혼식 연습을 해야 하네."
청년이 물었습니다.
"결혼식 연습을 어떻게 해야 하죠?"
미소가 대답했습니다.
"노래 연습이요. 결혼식에서는 노래를 많이 불러야 해요."

28. 결혼식

결혼식 날은 곧 다가왔습니다.
결혼식 준비는 별로 할 것이 없었습니다.
이 나라 사람들은 많이 가지는 것이나 좋은 가구, 좋은 집에 별로 관심이 없었기 때문에 준비는 금방 끝났습니다.
행복이가 사용하던 숟가락, 젓가락 몇 개, 그릇 몇 개, 그리고 옷가지가 조금 들어 있는 가방 몇 개로 그녀의 준비는 끝났습니다.
청년이 준비해 온 약간의 돈으로 그들은 허름한 방 하나를 구했습니다.

이제 청년은 무엇이든 그에게 맞는 직업, 청소부라든지, 과일 장사라든지 사람에게 봉사하면서 생활도 할 수 있는 일을 얻을 것입니다. 그가 좀 더 영혼이 성장되어 영계의 지식이나 능력을 갖추게 된다면 그는 다른 사람들의 영적 발전을 돕는 직업도 가질 수 있겠지요.
결혼식 옷도 평소에 입던 허름한 옷에 하얀 수건 같이 생긴 망토 하나를 걸치면 끝나는 것입니다.

이곳 사람들은 아무도 허례허식을 좋아하지 않기 때문에 결혼식이라고 비싼 옷이나 화려한 화장으로 꾸미면 비웃음이나 불쌍히 여김을 받게 되는 것입니다.

청년은 그의 고향에 있는 가족들에게 그의 결혼을 알리고 초청하려고 애썼으나, 그들을 설득할 수 없었습니다. 그들은 그가 아무 가진 것도 없는 처녀와 결혼하는 것을 용납할 수 없었고, 영혼의 진보라는 개념도 도무지 납득할 수 없었습니다. 청년이 몹시 상심해 있자, 행복이가 그를 위로했습니다.

"부드러움씨, 너무 낙심하지 마세요. 아직 그들은 빛의 세계를 여행하기 위한 준비가 안 되어 있어서 어둠의 세계의 영역에 머물러 있지만, 그들에게는 그것이 필요한 단계인지도 몰라요.
지금 그들은 어두움의 쾌락과 즐거움을 좋아하고 있으니 그곳에서 나올 수 없고, 어두움의 세력도 그들을 놓아주지 않을 것입니다.
하지만 때가되면 그들은 그 세계의 비참함을, 허무함을 발견하게 될 거예요.
기도하고 기다리기로 해요. 그들은 반드시 이 나라로 오게 될 것이고 영혼의 여정을 시작하게 될 거예요."

청년은 그녀의 말에서 비로소 위로를 얻을 수 있었습니다.
주례는 목사님께서 맡아주기로 하셨습니다. 그들은 목사님께 주례하러 오실 때 오늘만은 목욕을 하고 오시라고 특별히 부탁을 드렸습니다. 결혼식에도 냄새가 많이 나면 안 되기 때문입니다.
청년은 이곳에 온 지 얼마 되지 않아서 하객들이 없지 않을까 하고 걱정했습니다.
그러나 그것은 기우에 불과했습니다. 청년과 안면이 있는 많은 사람들이 어떻게 알았는지 그의 결혼식에 참석을 했던 것입니다.

결혼식장인 교회로 들어가기 전에 청년은 많은 하객들이 그를 보고 환호하는 것을 보고 놀랐습니다.
거기에는 전자 제품을 팔던 가게 아저씨, 버스에서 잠시 이야기했던 할머니, 식당에서 만났던 50대 남자, 식당 아저씨, 공원에서 만났던 할머니, 마을 선거 연설회장에서 만났던 할머니, 마을 선거에 나왔던 입후보자들, 거리에서 교통사고를 냈던 남자들 등등 많은 사람들이 와 있었습니다.

먼저 전자 제품 가게 아저씨가 그에게 축하를 했습니다.

"축하합니다, 젊은 양반."
청년은 그에게 물었습니다.
"어떻게 알고 오셨습니까?"
아저씨는 웃었습니다.
"이 나라는 별로 크지 않아요. 그리고 우리는 서로 관심을 가지고 있고, 많은 것을 알고 있지요. 그리고 이것은 결혼 선물이오."
그는 선물 박스를 가리켰습니다. 청년은 놀라서 물었습니다.
"세상에, 이런 것까지... 그런데 이게 뭐죠?"
"TV요. 오래된 것이지. 청년이 관심을 가지고 있는 것 같아서."
청년은 비로소 그가 이 TV를 놓고 아저씨와 입씨름을 벌였던 것이 생각나서 미소를 머금었습니다.
아저씨는 장난기 있는 표정으로 청년에게 물었습니다.
"그런데, 이 TV는 리모컨이 없는데, 어떻게 켜실 작정이요?"
청년은 잠시 생각하다가 대답했습니다.
"글쎄요. 이렇게 하면 좋을 것 같군요. 일단 새총을 사겠습니다. 그래서 그 총알로 채널을 맞춰서 켜는 것이 어떨까요?"
"그것, 아주 재미있는 생각이군요."

그들은 함께 한참을 웃었습니다. 미움의 나라에서는 싱거운 이야기를 하면 실없는 사람으로 낙인 찍혀서 바보 취급을 받게 됩니다.
그러나 이 나라는 여유 있는 나라이며, 장난과 재미를 즐기지 않으면 살아갈 수 없습니다. 청년은 어느덧 이 나라에 많이 적응이 되었던 것입니다.

어떤 신사가 그에게 와서 선물을 내밀면서 말했습니다.
"이것을 받아 주시오. 나를 기억하겠소?"
청년이 생각해보니 거리에서 차가 부딪혔을 때 중간에 끼어들어 떨어진 차 거울을 사간 사람이었습니다. 선물은 바로 그 거울이었습니다.
"물론 기억이 납니다. 하지만, 이 거울은 아드님이 아주 좋아하는 것이라고 들었는데요?"
"물론 그랬지요. 하지만 내가 청년의 이야기를 했더니 꼭 이걸 선물로 주라고 하더군요. 그리고 아들이 청년에게 이 말을 전해주라고 했소."
그는 청년의 귀에 대고 속삭였습니다.
"밤에 신부가 잠을 잘 때, 랜턴을 켜고 거울로 랜턴의 불빛을 신부의 얼굴에 비치게 하면 아주 재미있을 것이라고 했어요."
청년은 웃음을 참고 대답했습니다.

"예, 그건 참 재미있는 놀이군요."
교통사고를 냈던 아저씨도 선물로 머플러를 들고 왔습니다.
청년은 다시 물었습니다.
"이건 부인이 좋아하시던 것 아닌가요?"
그는 대답했습니다.
"여자들이 좋아하는 것은 수시로 바뀌지요. 그것을 다 믿어서는 안 됩니다. 그리고 아내가 이것을 꼭 갖다 주라고 했소."
마침 옆에는 행복이가 있었습니다.
아저씨는 행복에게 윙크를 하며 말했습니다.
"행복씨. 아내가 말하기를, 만일 남편이 말을 잘 듣지 않으면 이 머플러로 목을 조르라고 하더군요."
그들은 모두 한참을 웃었습니다.

식당에서 만난 50대의 아저씨도 왔습니다.
그는 그윽한 눈으로 그를 바라보았습니다.
"청년, 다시 만나게 되어 몹시 반갑소. 나는 당신이 곧 이곳에 올 것을 알고 있었소.
당신의 영혼 속에는 허무함과 갈증이 가득 채워져 있었지요. 나는 그 후로 일할 때마다 당신을 기억하고 기도를 했소. 당신이 이곳으로 빨리 오게 해 달라고."

청년은 눈시울이 뜨거워졌습니다.
눈물을 감추려고 그는 농담을 했습니다.
"고맙습니다, 아저씨. 은혜를 잊지 않을 거예요. 그런데 결혼식 후에 식사 파티가 있는데, 오늘도 굶으실 건가요?"
그는 난처한 듯이 눈을 올려 뜨고 어깨를 으쓱 했습니다.
"그건 곤란한 걸? 나는 지금 배가 몹시 고파요. 그러니 결혼식 도중에 내가 없어지거든 먼저 식당에 간 줄로 아세요."
그 둘은 같이 웃었습니다.

마을 선거에 입후보했던 두 아저씨들도 왔습니다.
미움의 나라에서 온 고향의 선배가 그를 붙잡고 힘차게 포옹하면서 말했습니다.
"잘 왔네. 청년. 고생 많았지. 정말 축하를 드리네."
그의 품에 안기자 청년은 자기도 모르게 참았던 눈물이 쏟아져 나왔습니다.
잠시 흐느끼다가 그는 간신히 감정을 수습하고 말했습니다.
"죄송합니다. 오는 같이 기쁜 날에 울어서는 안 되는데.."

선배가 자애롭게 말했습니다.
"걱정하지 말게. 다른 나라에서 온 사람들의 결혼식은 종종 울음바다가 된다네.
그들은 하나님의 은혜가 감사해서 울고, 아직도 어둠의 나라에 남아 있는 가족들이 불쌍해서 운다네. 억지로 감정을 자제할 필요는 없네."

청년은 감사를 표하며 그에게 물었습니다.
"감사합니다, 선배님. 선배님의 간증이 아니었다면 저는 이곳에 오기 힘들었을 것입니다. 그런데 마을 대표위원 선거는 어떻게 되었습니까?"

그는 부끄러운 듯이 말했습니다.
"유감스럽게도 대표가 되었네."
그는 옆에 있는 다른 후보자의 손을 잡았습니다.
"모두들 두 사람이 다 같이 대표를 해야 한다고 해서 그만 같이 대표가 되기로 했네."
"정말 잘 되셨군요."

시간이 되어 결혼식이 시작되었습니다.
청년, 이제 부드러움으로 이름이 바뀐 청년이 행복과 나란히 주례 목사님 앞에 섰습니다.

주례는 매우 간단했습니다.
목사님이 그들에게 물었습니다.
"결혼하는 이유가 무엇이지요?"
청년이 대답했습니다.
"우리는 서로 사랑하기 때문이며, 행복한 가정을 꾸미고 영혼의 진보를 이루기 위함입니다."

주례자가 다시 물었습니다.
"어떻게 영적인 진보를 이룰 수 있지요?"
행복이가 대답했습니다.
"서로 사랑하고 종이 되어 섬김으로써 자신의 영혼도 진보하며 상대의 영혼에도 도움을 줄 수 있습니다."

다시 질문이 이어졌습니다.
"하나님을 사랑하는 것과 이웃을 사랑하는 것을 어떻게 조화시킬 수 있습니까?"
다시 행복이 대답했습니다.
"이웃을 사랑함으로써 하나님을 사랑하는 것을 나타내게 됩니다."

목사님은 더 이상 묻지 않았습니다. 청중들은 박수를 쳤습니다. 모든 순서가 끝이 났습니다.

성혼 선언이 있은 후에 목사님이 청년에게 물었습니다.
"부드러움씨. 신랑과 신부가 가위 바위 보를 해서 진 사람이 노래를 해야 하는 것을 알고 있나요?"
청년은 놀랐습니다. 그것은 아무도 가르쳐주지 않았기 때문입니다.
그들은 입모양의 묵찌빠로 결정하기로 했습니다.
여러 번의 공격과 방어 끝에 청년의 공격 차례가 되었습니다.
청년은 있는 힘을 다해 혀를 내밀었고, 행복이는 그의 기세에 눌려 지고 말았습니다.
모두가 폭소를 터트렸습니다. 목사님도 웃었습니다.
"참, 실력이 대단하군요."

게임에 진 행복이가 노래를 부르기 시작했습니다.
청년이 처음 듣는 노래였습니다.
아니, 잘 알고 있는 노래였습니다.
그러나 그는 그와 같은 노래를 들은 적이 없었습니다.
그녀는 성악을 배우지 않았습니다.
어떤 노래의 기법도, 기술도 배우지 않았습니다.
그러나 그녀는 그녀의 영혼으로 노래하는 법을 알고 있었습니다. 그녀의 노래는 음악성이나 재능에서 나온 것이 아니었습니다.

영혼이 열리고, 영혼의 기능이 발전되어 영혼의 흐름을 자유롭게 사용할 수 있는 사람만이 부를 수 있는 노래였습니다.
그녀의 노래는 남편에 대한 신뢰와 사랑, 그리고 하나님께 대한 깊은 애정이 영혼의 깊은 데에서부터 흘러나오는 아름다운 영혼의 찬양이었습니다.

그 찬양을 듣는 모든 사람들을 천상의 높은 곳으로 올라가게 하는 영계의 찬양이었습니다.
아름다움과 사랑스러움, 연민과 거룩, 천국의 영광이 흘러 넘치는 찬양이었습니다.
그 찬양의 흐름 속에 모든 사람은 넋을 잃고 천국의 영광을, 하나님의 영광을 찬양하고 있었습니다.

청년의 여행은 이제 끝이 났습니다.
그는 하나님의 은혜로 어두움의 나라에서 사랑의 나라로 옮기어진 것입니다.
그러나 이제, 청년은 새로운 여행을 시작해야 하는 것입니다.
그것은 영혼의 진보, 사랑과 지혜의 발전, 신의 성품에 참예하기 위한 새로운 여행인 것입니다.
그리고 그 여행은 우리 모두의 여행인 것입니다.

그가 우리를 흑암의 권세에서 건져 내사
그의 사랑의 아들의 나라로 옮기셨으니
(골로새서1:13)

너희가 정욕 때문에 세상에서 썩어질 것을 피하여
신성한 성품에 참여하는 자가 되게 하려 하셨느니라
그러므로 **너희가** 더욱 힘써 너희 믿음에 덕을,
덕에 지식을, 지식에 절제를,
절제에 인내를, 인내에 경건을,
경건에 형제 우애를,
형제 우애에 사랑을 더하라
(베드로후서1:4-7)

후기

사랑의 나라와 미움의 나라는 우리가 사는 이 세상에 실재하며, 공존하는 나라입니다.
우리는 끝없이 양쪽의 세계에 의하여 영향을 받고 있으며 때로는 미움의 나라에서 때로는 사랑의 나라에서 활동합니다.

빛의 세계, 어두움의 세계는 끊임없이 우리에게 에너지를 공급하고 있으며, 각종 문화 매체, 사람의 영, 사회 제도 등을 통하여 사람들을 지배하려고 애씁니다.
빛과 어두움의 영계는 사람들을 얻기 위하여 항상 치열한 전쟁을 벌이고 있는 것입니다.

우리가 어두움의 에너지를 받고 미움의 나라에서 영향을 받으며 살고 있을 때, 우리는 불안하고 마음이 바쁘고 쫓기며, 불행해집니다.
그곳에서 우리는 상처받고 미워하며 분노를 버리지 않으며 용서하지 않습니다.
그러나 우리가 하나님의 은혜로 말미암아 사랑의 광선

을 받고 빛으로 깨우침을 받아 그 나라로 들어갈 때, 우리는 감사하게 되고 용서하게 되며 서로 이해하고 행복해지는 것입니다.

사랑의 나라는 우리 마음속의 고향입니다.
겉보기에는 어떨지 몰라도, 모든 사람의 마음속에는 이 따뜻함과 아름다움과 사랑이 깃들어 있습니다.
모든 사람이 사랑을 구하고 사랑을 목마르게 찾으며 사랑을 받기 원하고 사랑을 주고 싶어 합니다. 다만 그 사실을 잘 인지하지 못할 뿐입니다.

이 땅에 사는 동안 우리는 계속해서 이 영혼의 진보와 사랑의 발전을 위해서 노력해야 합니다.
영혼이 발전할수록 우리는 천국의 백성으로서 합당한 삶을 살게 됩니다. 그 영성의 발전 수준은 곧 사랑하고 섬기는 수준이며 다른 사람을 배려하고 이해하는 수준입니다. 바로 그러한 삶이 이루어지는 곳이 사랑의 나라이며 천국인 것입니다.

항상 기도로 도와주시는 사랑하는 어머니께 감사드리며, 나의 글을 항상 타이프 쳐주고 조언을 아끼지 않는 사랑하고 존경하는 나의 아내에게 감사를 드립니다.

밤마다 내게 재미있는 이야기를 해달라고 졸라대어 나의 영감의 원천이 되고 있는 나의 보배로운 아들, 딸인 주원이와 예원이에게도 감사를 표합니다.
초등학교 4학년인 예원이는 나의 가장 충실한 독자로서 아빠의 원고가 한 장, 한 장 나올 때마다 열심히 읽고 평가를 해주었습니다.

나는 진정 사랑의 나라에 둘러싸여 있는 것 같습니다!
나의 삶의 전부인 주님께 경배와 모든 영광을 돌립니다.
할렐루야..

    2000. 2. 18. 정원

개정판 후기

5년 만에 이 책을 다시 내기 위해 교정을 하고 읽으면서 여러 번 눈물을 흘렸습니다.
우리가 가고 있는 길, 영혼의 여정이 곧 사랑의 나라로 가는 여행이며 우리가 그 길에 서 있다는 사실이 새삼 감격스러워서 울었습니다.

사랑의 나라를 향한 여행은 우리 인생의 진정한 방향이 되어야 하며 목적이 분명할 때 우리의 삶은 진정 행복한 것이 될 것입니다.
5년 만에 다시 만든 이 책이 독자 여러분의 사랑을 받으며 영적 성장을 위한 작은 벗이 되기를 기대합니다.
그리고 진정 아름답고 놀라운 사랑의 나라가 우리 모두의 마음 속에서 이루어지기를 기원합니다.
주님께 감사를 드립니다.
할렐루야!

2005. 11. 정원

도서구입신청

도서 구입을 원하시는 분들을 위한 안내입니다.

1. 도서 목록 확인

페이지를 넘기시면 정원 목사님의 도서 전권이 안내되어있습니다.
도서 목록을 참조하셔서 필요로 하시는 책을 선택하십시오.
각 도서의 자세한 목차와 내용을 원하시면 정원목사 독자 모임 카페의 [저자및 저서소개] 코너를 참조하십시오. (http://cafe.daum.net/garden500)

2. 책신청

구입하실 도서를 결정하신 후에, 영성의 숲 출판사로 전화를 주세요.
(02-355-7526 / 010-9176-7526. 통화시간: 월~금 오전 9시~저녁 7시)
신청 도서 목록을 알려주시면 입금하실 금액을 안내해 드립니다.
신청하실 때는 책을 받으실 주소와 전화번호를 함께 알려주세요.
책신청은 전화 외에도 영성의 숲 홈페이지의 [책신청] 코너,
출판사 이메일(spiritforest@hanmail.net)을 사용하실 수 있습니다.

3. 송금

안내 받으신 도서 대금을 아래 계좌로 입금해 주세요.
(국민은행: 461901-01-019724, 우체국: 013649-02-049367, 예금주: 이혜경)
신청자 성함과 입금자 성함이 일치하지 않는 경우에는 입금자 성함을
꼭 알려주셔야 확인이 가능합니다.

4. 배송

입금 확인 후에 바로 발송 작업을 하는데, 발송후 도착까지 보통 2-3일 정도가 소요 됩니다. 책을 급하게 필요로 하실 경우에는 일반 서점을 이용해 주세요. 해외 배송을 원하시는 분은 총판을 담당하고 있는 생명의 말씀사로 문의해주시기 바랍니다.
(생명의 말씀사 080-022-1211 www.lifebook.co.kr)

| 정원 목사님의 저서 |

〈기도 시리즈〉

1. 하늘의 권능이 임하는 부르짖는 기도 1　373쪽. 13,000원/핸디북 10,000원
2. 하늘의 권능이 임하는 부르짖는 기도 2　444쪽. 15,000원/핸디북 11,000원
3. 대적기도의 원리와 능력　　　　　　400쪽. 14,000원/핸디북 11,000원
4. 대적기도의 적용 원리　　　　　　　424쪽. 14,000원/핸디북 11,000원
5. 대적기도를 통한 승리의 삶　　　　　452쪽. 15,000원/핸디북 12,000원
6. 대적기도의 근본적인 승리 비결　　　454쪽. 15,000원/핸디북 12,000원
7. 아름답고 행복한 기도의 세계　　　　　　　　　　　276쪽. 9,000원
8. 주님의 마음에 이르는 기도　　　　　　　　　　　　309쪽. 10,000원
9. 주님의 임재를 경험하는 길　　　　　　　　　　　　308쪽. 10,000원
10. 예수 호흡기도　　　　　　　　　　460쪽. 15,000원/핸디북 11,000원
11. 방언기도의 은혜와 능력 1　　　　　459쪽. 16,000원/핸디북 12,000원
12. 방언기도의 은혜와 능력 2　　　　　403쪽. 14,000원/핸디북 11,000원
13. 방언기도의 은혜와 능력 3　　　　　489쪽. 16,000원/핸디북 12,000원

〈영성 시리즈〉

1. 영성의 실제를 경험하는 길　　　　　　　　　　　　357쪽. 12,000원
2. 생각의 자유를 경험하는 길　　　　　　　　　　　　228쪽. 8,000원
3. 영성의 중심은 사랑입니다　　　　　　　　　　　　271쪽. 8,000원
4. 영성의 원리　　　　　　　　　　　　　　　　　　319쪽. 11,000원
5. 문제는 주님의 음성입니다　　　　　　　　　　　　227쪽. 9,000원
6. 영성의 발전은 어떻게 이루어지는가　　　　　　　　254쪽. 8,000원
7. 지금 이 공간에 임하시는 주님　　　　　　　　　　340쪽. 12,000원
8. 심령이 약한 자의 승리하는 삶　　　　　　　　　　228쪽. 9,000원
9. 천국의 중심원리　　　　　　　　　　　　　　　　452쪽. 14,000원
10. 행복한 신앙을 위한 28가지 조언　　　　　　　　　348쪽. 12,000원

11. 성숙한 신앙을 위한 30가지 조언	340쪽. 12,000원
12. 의식의 깨어남을 사모하라	239쪽. 9,000원
13. 주님의 마음, 주님의 임재 속으로	348쪽. 12,000원
14. 영성의 발전을 갈망하라	292쪽 10,000원
15. 집회에서 흐르는 주님의 은혜	254쪽 8,000원
16. 삶을 변화시키는 생명의 원리	348쪽 12,000원
17. 낮아짐의 은혜1	308쪽 11,000원
18. 낮아짐의 은혜 2	388쪽 14,000원
19. 그리스도를 갈망하는 삶	268쪽 10,000원
20. 영이 깨어날수록 천국을 누린다	236쪽 8,000원

〈생활 영성 시리즈〉

1. 주님과 차 한잔을	220쪽. 6,000원
2. 일상의 삶에서 주님을 의식하기	280쪽. 8,000원
3. 일상에서 경험하는 주님의 사랑	277쪽 8,000원
4. 삶이 가르치는 지혜	212쪽. 6,000원
5. 사랑의 나라로 가는 여행	156쪽. 5,000원
6. 하나님의 뜻을 발견해 가는 여행	269쪽 8,000원
7. 일상에서 경험하는 주님의 은혜	253쪽 8,000원

〈묵상 시리즈〉

1. 맑고 깊은 영성의 세계를 향하여	140쪽. 5,000원
2. 주님은 생수의 근원 입니다	196쪽. 6,000원
3. 묻지 않는 자에게 해답을 던지지 말라	156쪽. 5,000원
4. 영혼을 깨우는 지혜의 샘물	180쪽 6,000원

사랑의 나라로 가는 여행

1판 1쇄 발행	2000년 11월 20일 (예찬사)
2판 1쇄 발행	2005년 11월 15일 (영성의숲)
3판 1쇄 발행	2009년 2월 20일 (영성의숲)
3판 4쇄 발행	2018년 7월 20일 (영성의숲)
지은이	정원
펴낸이	이 혜경
펴낸곳	영성의 숲
등록번호	2001. 7. 19 제 8-341 호
전화	02 - 355 - 7526 (영성의숲)
핸드폰	010 - 9176 - 7526 (영성의숲)
E - mail	spiritforest@hanmail.net (영성의숲)
홈페이지	cafe.daum.net/garden500 (정원목사 독자 모임)
	cafe.naver.com/garden500 (정원목사 독자 모임)
국민은행	461901 - 01 - 019724
우체국	013649 - 02 - 049367
예금주	이 혜경
총판	생명의 말씀사
전화	02 - 3159 - 8211
팩스	080 - 022 - 8585,6

값 5,000원

ISBN 978 - 89 - 90200 - 63 - 1 03230